LOUIS LEGENDRE

LE

Son d'une Âme

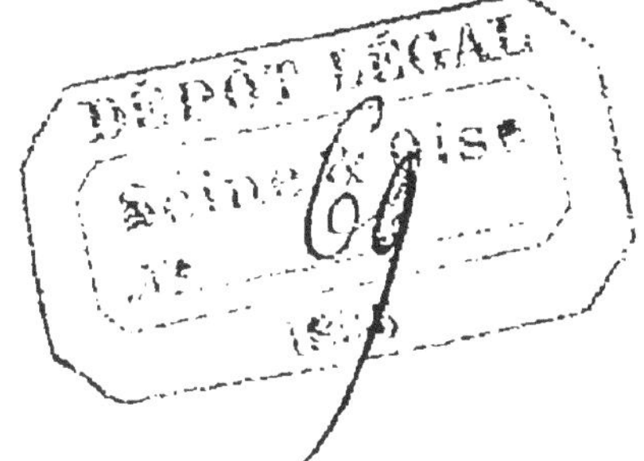

PARIS

LÉON CHAILLEY, ÉDITEUR

8, RUE SAINT-JOSEPH, 8

1895

LE

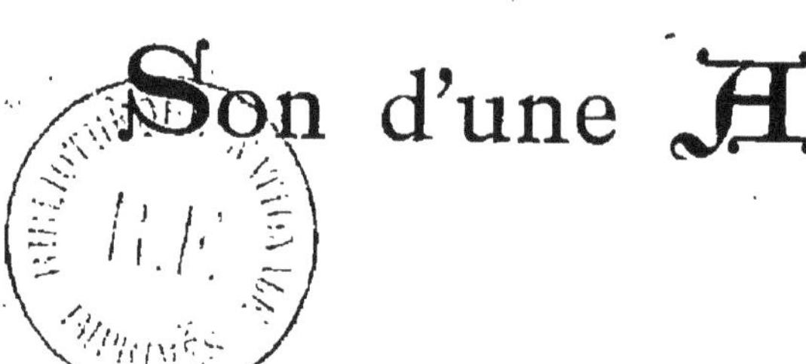Son d'une Ame

DU MÊME AUTEUR

Célimène, comédie en un acte, en vers (Odéon).

Cynthia, comédie en un acte, en vers (Odéon). Ouvrage couronné par l'Académie française.

Colibri, comédie en un acte, en vers (Vaudeville et Union artistique).

Beaucoup de bruit pour rien, comédie en cinq actes, en vers (Odéon), d'après Shakespeare.

Jean Darlot, pièce en trois actes, en prose (Théâtre-Français).

Ce que disent les fleurs, poésies.

LOUIS LEGENDRE

LE

Son d'une Ame

PARIS

LÉON CHAILLEY, ÉDITEUR

8, RUE SAINT-JOSEPH, 8

1895

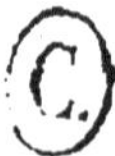

AU LECTEUR

Tout fragment de métal que l'on heurte, résonne ;
Mais sa sonorité n'est pleine que du jour
Où, retiré du moule ardent qui l'emprisonne,
Il est la cloche instable au sommet de la tour.

Toute âme peut frémir d'un frisson très sincère ;
Mais, pour le propager en rythmes musicaux,
Il faut qu'elle ait reçu la forme nécessaire,
Mère des sons puissants, source des longs échos.

Des cloches, telles sont les âmes des poètes !
Oui, celle du plus humble et celle du plus grand,
Sur ce modèle unique elles sont toutes faites :
Chacune a toutefois un timbre différent.

Vous entendrez ici le timbre de la mienne ;
Et, carillons de joie ou tintements de deuil,
Comme en son fin clocher la cloche aérienne,
C'est mon âme qui va sonner dans ce recueil.

LA GAMME DU RÊVE

Ose te tromper et rêve...
SCHILLER.

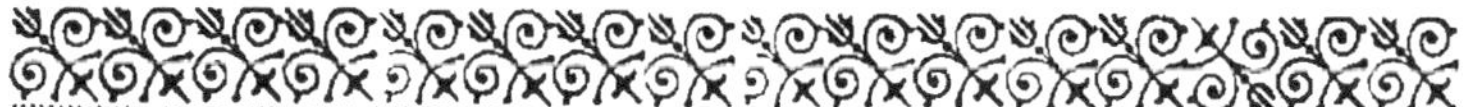

Reprise

Reprise du Printemps ! Au ciel, aux champs, aux bois,
    On répète l'ancienne pièce ;
Paysans, citadins, poëtes et bourgeois,
    Tous en ont le cœur en liesse ;

Tous vont réapplaudir les décors bien connus,
    Restaurés pour la circonstance ;
Les lilas frais repeints aux talents ingénus
    Feront rimer plus d'une stance.

Un désir de bonheur entre dans les cerveaux
    Les plus bourrés d'arithmétique ;
A travers les calculs et les graves travaux
    Passe un souffle anacréontique ;

Et, quelques mois plus tard, l'Administration,
      Grâce aux poétiques licences,
Sur ses livres verra de l'augmentation
      A la colonne des naissances.

C'est qu'Avril, l'enchanteur, au plus désenchanté
      Rend un instant la confiance ;
Et quand les yeux ravis s'emplissent de clarté,
      L'esprit perd toute clairvoyance.

Il se reprend à croire à la félicité
      Possible et même nécessaire ;
Hier tout était mort... Tout est ressuscité :
      Donc, c'est la fin de la misère !

Des parfums plein le ciel, des chants plein la forêt,
      C'est la fatalité vaincue,
La revanche d'Ormuz ! — Et la vie apparaît
      Bonne et digne d'être vécue.

On s'attendrit, malgré ce qu'on s'était juré,
      Malgré les épreuves souffertes...
Mais comment rester sourd au conseil murmuré
      Par tant de corolles ouvertes ?

Et tous les ans, sitôt les arbres reverdis,
    La joie éclate. — L'homme espère...
Il ne peut dire quoi... Sur les cœurs engourdis,
    O Nature, ton charme opère.

A cette heure, tu fais ce que tu veux de nous !
    Tu nous souris, ô Célimène,
Et ce devoir s'impose, impérieux et doux,
    Continuer la race humaine.

On était triste et las, on pliait sous le faix :
    Tu vois nos mines soucieuses
Et, pour nous redonner de l'élan, tu nous fais
    Des promesses fallacieuses.

Il le faut bien ! Il faut ton mensonge divin
    Pour que l'homme consente à vivre ;
Et, craignant sa raison, tu lui verses un vin
    Suave et traître qui l'enivre...

Ce n'est pas que pour lui tu te mettes en frais :
    Toujours même lumière blonde,
Même bleu, mêmes fleurs... Tu n'as fait nul progrès
    Depuis les premiers jours du monde.

A quoi bon, puisqu'il est toujours content de voir
    Afficher l'antique féerie ;
Qu'il ne changerait pas, en eût-il le pouvoir,
    Un brin d'herbe de la prairie ;

Qu'il boit toujours avec la même avidité
    Le philtre que tu lui composes,
Et qu'il trouve toujours un goût de nouveauté
    Au vieux parfum des vieilles roses ?

Paradoxe

Lorsque l'ardent soleil qui fait mûrir les blés
Chauffe le ciel entier au blanc de manganèse,
Et que le flamboiement de la haute fournaise
Change en ruisseaux les fronts des hommes accablés ;

Quand on enferme au fond des coffres les fourrures,
Les velours sous lesquels on craindrait d'étouffer,
C'est alors que l'on voit les arbres s'attifer
De costumes épais et de lourdes parures.

Sur tous, sur le grand hêtre et l'infime arbrisseau,
De la maîtresse branche à la moindre ramille,
Un luxe de bourgeons du haut en bas fourmille ;
Chacun sort toutes les splendeurs de son trousseau.

Plus l'air est suffocant et plus l'homme s'essouffle
Rien qu'à traîner le poids d'impalpables tissus,
Plus les arbres vous ont des vêtements cossus,
Plus dans son vert manteau la forêt s'emmitoufle.

N'est-ce pas au bon sens comme un défi jeté,
De porter aux mois chauds de si chaudes toilettes,
Et que ces tremble-au-vent, ces frissonnants squelettes,
Restés nus tout l'hiver n'aient d'habits qu'en été ?

Gêne

Sous les étoiles que l'été
Sème dans tout le ciel visible,
D'une gêne incompréhensible,
Ce soir, mon cœur est tourmenté.

D'où me vient cette anxiété ?
Autour de moi tout est paisible...
Mais de la voûte inaccessible
Tombe une sourde hostilité !

Il est des choses que je cache :
Quelle âme est exempte de tache ?
Je suis faible sinon pervers ;

Et, du haut des sphères glacées,
Les astres sont des yeux ouverts
Qui voient le fond de mes pensées !

————

23 Mars

Aujourd'hui, malgré l'arrivée
Officielle du printemps,
Malgré la sève ravivée
Dans les bois pleins d'oiseaux chantants ;

Malgré la richesse rendue
A l'indigence des couverts
Et tant de gaîté répandue
Sur la face de l'Univers ;

Bien que des êtres et des choses
Sortîtun mo t d'ordre joyeux,
Le cœur gros d'un chagrin sans causes,
J'avais des larmes plein les yeux.

En cette angoisse inexpliquée,
Je lus d'un regard machinal
La date du jour indiquée
Sur une page de journal.

O souvenir d'une heure amère
Où j'ai souffert et sangloté :
C'est à pareil jour que ma mère,
Si jeune encore, m'a quitté !

Voilà donc pourquoi j'étais sombre !
Je n'en trouvais pas la raison ;
Mais mon cœur, lui, sait bien le nombre
De ses chers morts dans le gazon :

A chaque noir anniversaire,
Tout au fond de moi, sonne un glas ;
De lui-même mon cœur se serre...
J'ai des larmes qui n'oublient pas !...

Messidor

En Juillet, la campagne est pleine de chansons !
      Chaque branche a ses virtuoses :
      Bouvreuils, fauvettes et pinsons,
      Tous célèbrent dans les buissons
La douceur de la vie et la splendeur des choses !..

En Juillet, le mois d'or, les rudes paysans
Assistent au triomphe ardent de la lumière ;
Mais eux ne chantent pas, car c'est l'heure où, pesants
Il leur faudra quitter l'ombre de la chaumière
Pour s'en aller là-bas sous les soleils cuisants !

Ils partiront dès l'aube et jusqu'à la nuit close
Leur bras dur et noueux, — sans qu'ils prennent le temps
D'essuyer la sueur dont leur tête s'arrose, —
Promènera la faux qui jamais ne repose
Parmi les rangs serrés des épis palpitants !

L'été les épouvante : ils en seront la proie !
Et chaque jour, au sein de la nature en joie,
Parmi les chants, parmi les fleurs, ils sentiront
Se dessécher leur âme et se mouiller leur front
Dans un air embrasé, sous un ciel qui flamboie !...

En Juillet, la campagne est pleine de chansons !
      Chaque branche a ses virtuoses
      Bouvreuils, fauvettes et pinsons
      Tous célèbrent dans les buissons
La douceur de la vie et la splendeur des choses !..

Morgengabe

(Don du matin)

Le soir vient, l'air fraîchit ; je suis seul sur la plage ;
Tous les bateaux-pêcheurs sont rentrés au mouillage.
Le soleil a fini sa journée ; il descend
Lentement. — La moitié du disque incandescent
Brille encore au-dessus de la mer apaisée.
Le voilà qui s'éteint... Une lueur rosée
Lui survit quelque temps : elle meurt à son tour...
Que fait-il sous les flots, le Soleil ? — Jusqu'au jour,
Dort-il pour réparer les forces qu'il nous verse ?
Non ! C'est nous qui dormons, c'est nous que la Nuit berce,
Nous, ses enfants : car tous, riches ou vagabonds,
Nous sortons de la Nuit et nous y retombons !
Mais le Soleil, entré dans cette mer profonde,
Explore lentement les cavernes de l'onde...
Coquillages fixés aux rochers sous-marins,
Du bout de ses rayons il ouvre vos écrins,
Et puis, lorsqu'il remonte au ciel qui se colore,
Il offre en souriant des perles à l'Aurore !

Royan.

Fumées

Les foules, par de vils besoins étant menées,
Dressent sur le ciel bleu de hautes cheminées
D'où des tourbillons noirs sortent incessamment.
Sans l'homme, rien n'aurait sali le firmament :
Mais n'ayant ni respect ni crainte du mystère,
L'homme s'en va chercher jusqu'au fond de la terre,
En des gouffres dont le retour n'est jamais sûr,
De quoi faire là-haut des taches sur l'azur !
Et la houille, depuis des siècles enfermée,
Et les arbres vivants, tout brûle, et la fumée
Monte toujours depuis l'invention du feu,
Crachat de la matière à la face de Dieu !..

Reflet

Cet homme est vil, il n'aime rien,
Et, dans la vie, il se promène,
Riant de la misère humaine :
Au théâtre, observe-le bien.

Son cœur, étrange phénomène,
Va sentir tout comme le tien
L'humble héroïsme du chrétien,
L'orgueilleuse vertu romaine.

Ainsi quand la Nuit aux yeux d'or
A de son sublime décor
Posé là-haut les sombres toiles,

Le bourbier pestilentiel
Reflète la beauté du ciel
Et l'innocence des étoiles.

Vieux Burg

Le Burg en sa vieillesse et sa décrépitude
Garde l'aspect mauvais qu'il eut au temps jadis :
On dirait, prisonnier d'une vieille habitude,
Qu'après les hauts barons il loge des bandits.

Cependant on y vient en toute quiétude :
L'endroit est fréquenté par les gens érudits
Et par les écoliers en rupture d'étude
Qu'on mène jouer là Dimanches et Jeudis.

Les petits sont enclins aux pires hardiesses :
De noirs genevriers, armés de toutes pièces,
Ont beau monter la garde avec l'air malveillant ;

Les moutards, de leurs mains et de leurs jambes grêles,
Sur les murs ébranlés grimpent en piaillant,
Comme de gais oiseaux que rassurent leurs ailes.

Azalées blanches

Très blanches Azalées,
Hier immaculées,
Vous n'eûtes qu'un moment :
Dès ce matin vos têtes,
Mourantes que vous êtes,
Penchent languissamment.

Si cette courte vie
Est d'une autre suivie
Pour vous comme pour nous,
Où donc s'envolent-elles,
Vos âmes immortelles,
Fleurs à l'éclat si doux ?

Les Fleurs ne sont pas toutes
En s'en allant absoutes ;
Plus d'une a fait le mal !
La Rose trop fardée,
L'orgueilleuse Orchidée
Aux formes d'animal,

Les grasses Tubéreuses,
D'haleines amoureuses
Enivrent qui les sent,
Et l'Enfer les réclame
Pour avoir troublé l'âme
De plus d'un innocent.

Mais étant de cœur chaste,
Sans arôme néfaste
Montant de leurs pâleurs,
Les blanches Azalées,
Mortes, s'en sont allées
Au Paradis des Fleurs !

Sonnailles

Dans l'Alpe qui fleure le thym,
C'est chose rare que l'on aille
Sans percevoir, proche ou lointain,
Le tintement d'une sonnaille.

Il vous révèle les troupeaux,
Chèvres, moutons, vaches alertes,
Que le berger, vêtu de peaux,
Mène brouter les pentes vertes.

Ils vont de ci, de là, musant.
Sans les voir, l'homme les surveille :
Le fil sonore est suffisant,
Qui les relie à son oreille.

Vienne la saison du retour,
Fuyant l'hiver et les tempêtes,
C'est bientôt fait pour le pastour
De rassembler toutes ses bêtes;

Et, par l'ingénieux concert
De leurs sonnailles assidues,
Pas une d'elles ne se perd
Aux pâtures les plus ardues...

...C'est le moyen dont vous usez,
O poètes, chercheurs de gloire,
Pour que vos chants éternisés
Se retrouvent dans la mémoire;

Et lorsque vous donnez l'essor
Aux belles strophes cadencées,
La rime est la clochette d'or
Qui sonne au cou de vos pensées !...

Sideral-Company

Je rêve à ma fenêtre ouverte.
Nuit d'été : le temps est très doux...
Et je fais une découverte :
Le Ciel, de nos progrès jaloux,
A des Railways tout comme nous.

Oui, dans ces immensités bleues
A l'abri d'échos tapageurs,
Dévorant d'innombrables lieues,
Passent devant mes yeux songeurs
Des trains chargés de voyageurs.

Les voitures étincelantes
Glissent silencieusement :
C'est du nom d'Etoiles filantes
Que l'on nomme communément
Ces trains-éclair du Firmament.

Ces express, prompts comme des flammes,
Lancés d'un élan furieux,
J'en sais le but mystérieux :
Ils servent au transport des Ames
En promenade dans les cieux.

Jadis, quand la Mort ou l'Extase
Les détachait du corps obscur,
Les Ames n'avaient que Pégase
Ou Caron, le vieux au cœur dur,
Pour gagner les plaines d'azur.

Aujourd'hui, réforme complète !
Les véhicules surannés
Même là-haut sont condamnés :
De Dining-cars, de Lits-Toilette,
Les Bleus Chemins sont sillonnés !

La Vapeur, puissante et pratique,
A dans un trou du Cythéron
Remisé le Cheval antique ;
La bielle a cassé l'aviron
Du vieux passeur de l'Achéron !..

*
* *

Chez nous, dans les gares sonores,
Dès que le jour s'en est allé,
Piqué de feux multicolores,
Le champ de rails bien nivelé
Paraît comme un ciel étoilé;

Là-haut (l'emprunt est manifeste),
Même système est usité ;
Et sur chaque railway céleste,
Lorsque se fait l'obscurité,
Pour qu'on y roule en sûreté,

De toutes parts des milliers d'astres,
Rouges, blancs, comme nos fanaux,
S'allument sur de hauts pilastres :
Et ces astres sont des signaux
Qu'éteignent les feux matinaux...

*
* *

En août, la soif de la campagne
Prend les humains tous à la fois :
Pour la mer ou pour la montagne
Chaque jour, pendant tout le mois,
Il faut doubler tous les convois.

Là-haut, ainsi qu'en ce bas-monde,
Lorsque revient le mois béni,
Les touristes de l'Infini 
Se pressent, foule vagabonde,
Sur la Sidéral-Company;

Et (de ce fait élémentaire
J'atteste ici votre savoir),
C'est au mois d'août que l'on peut voir
Filer le plus de trains sur terre
Et d'étoiles dans le ciel noir !...

13 août...

Conquête

Sous les toits des cités, sous l'eau, sous la feuillée,
Bêtes et gens, tout dort, attendant le matin.
Me voilà pour longtemps maître de mon destin :
Nul ne viendra forcer ma porte verrouillée.

Ma lampe va brûler jusqu'à l'heure brouillée
Où du firmament noir blanchira le satin ;
Seule, l'aube glacée, au sourire incertain,
En commençant le jour finira ma veillée.

Le sommeil, c'est la mort. Dormant peu, je vis plus ;
J'ajoute aux courts moments qui me sont dévolus ;
J'enrichis ma pensée aux dépens de mes rêves ;

Et je gagne, en veillant, du terrain sur la nuit,
Pareil au Hollandais qui, pas à pas, poursuit
Sur les flots inféconds la conquête des grèves.

Violettes

Prenez garde aux métamorphoses !
Les Violettes ne sont pas
Tout simplement des fleurs écloses,
Beautés hautaines, sous vos pas.

Ce sont les âmes (l'une d'elles
Tout-à-l'heure me l'a conté),
Des amants obscurs et fidèles
Qu'a tués votre cruauté.

Et de là vient leur sombre extase
Lorsque dans la mousse des bois,
Votre petit pied les écrase
Et les tue encore une fois :

Car, libre de l'ancienne honte,
Ne craignant plus d'être importun,
Tout leur amour s'exhale et monte
Vers vous dans un dernier parfum !

Le Verger

Un paysan très économe
A ce verger plein de fruits mûrs.
Pour les défendre, le bonhomme
Se fie à la hauteur des murs,

Aux tessons hérissant les crêtes,
Qui sont remèdes souverains
Pour changer en promptes retraites
Tous les assauts des malandrins.

Mais bien que, hormis lui, personne
Ne mette un pied dans le saint-lieu,
Ce n'est pas lui seul qui moissonne
Les fruits mûris par le bon Dieu :

Par-dessus l'enclos redoutable,
Plus d'un arbre compatissant
Tend une branche charitable
Pour faire l'aumône au passant.....

L'Age d'or

Voici l'automne aux riches teintes.
Les feuilles, par la bise atteintes,
Ont perdu leur fraîche couleur ;
Mais, lorsqu'elle est ensoleillée,
La forêt, de jaune habillée,
Pour le peintre gagne en valeur.

Sur le chêne, le hêtre et l'orme,
Tout était d'un vert uniforme
De prairial à fructidor ;
Puis, au moment de disparaître,
Sur l'orme, le chêne et le hêtre,
Le feuillage se change en or...

Et c'est l'image de la vie :
La jeunesse, sitôt ravie,
Est rarement un temps doré ;
Elle a la grâce printanière,
Mais peu d'écus dans l'aumonière
Sauf héritage inespéré.

L'homme use ses belles années
A faire la chasse aux guinées.
Enfin, à force de courir,
On tient la fortune rêvée...
Mais la vieillesse est arrivée :
Dès qu'on est riche, il faut mourir

L'Églantier

Le champ était semé d'admirable façon ;
Une verdure grasse en couvrait l'étendue ;
Cependant, sur ce fond monotone, un buisson
D'églantines piquait sa note inattendue.

Quel caprice du vent avait fait aborder
Ce bohême parmi des plantes sérieuses ;
Et surtout quel miracle avait pu le garder
Du lourd extirpateur aux dents laborieuses ?

Mais le maître du blé surgit. — Ses traits bourrus
Se font soudainement plus durs et plus moroses :
Ses yeux ont découvert le gracieux intrus,
Et bientôt c'en est fait du rosier et des roses !..

— Aujourd'hui que le monde immense est tout entier
Un champ dont pas un coin ne demeure infertile,
Médite tristement le sort de l'églantier :
C'est celui qui t'attend, ô poète inutile !

Esquisse

Septembre, fin du jour: au premier plan, des fleurs
Dont graduellement s'emboivent les couleurs ;
Ensuite, la pelouse en velours, où miroite
Une tache d'eau claire en une vasque étroite ;
Des massifs compliqués, épars sur les gazons ;
Puis des épiceas aux noires frondaisons,
Écrivant sur un fond rose pâle et turquoise
Leur profil amusant de pagode chinoise...

Incendie

A Georges Clairin.

Tels ces condottieri farouches qui naguère,
Poussant droit devant eux leur lourd cheval de guerre,
Égorgeaient l'habitant, saccageaient la maison,
Puis faisaient derrière eux flotter sur l'horizon,
Comme un drapeau de pourpre, un long rideau de flamme :
Tel Phœbus qui s'en va la colère dans l'âme,
Phœbus, le dieu charmant, subitement cruel,
Phœbus a dans sa fuite incendié le ciel !
Longtemps la lueur rouge a baigné l'étendue :
La Nuit est maintenant tout à fait descendue,
Et sous sa nappe d'ombre a noyé sans retour
Tous les coins où brûlait encore un peu de jour.
C'en est fait des couleurs, des formes illusoires :
Le monde entier n'est plus qu'un tas de choses noires :
Tout est silencieux, et tout semble détruit !
Les Étoiles, alors, les Étoiles, sans bruit,
Jaillissent parmi les cendres universelles,
De l'incendie éteint dernières étincelles !

Fin de palette

A Marcel Baschet.

C'est en automne, à l'heure où notre âme s'attriste,
Que pourtant la Nature est le plus coloriste.
Sur le dernier, sur le plus beau de ses tableaux,
Jaunes et vermillons se répandent à flots,
Tant, qu'il n'en reste plus trace sur sa palette.
Elle a raison. — Voici l'Hiver, dont la toilette
N'a que deux tons, le noir et le blanc, qui mêlés
Font du gris. — Pour ses ciels et ses terrains gelés,
La Nature est réduite à cette gamme sobre :
Et c'est pour ce motif qu'elle vide en octobre
Les tubes aux tons vifs, désormais superflus,
Qui pendant de longs mois ne lui serviront plus !...

Fleurs en retard

Novembre! — Cependant les plantes de l'été
Étonnent cette fois par leur longévité,
Et plus d'une, malgré son âge, s'ingénie
A prouver que sa floraison n'est pas finie...
Mais enfin, c'est Novembre! — Il a beau rayonner,
Le soleil est sans force et n'en peut plus donner;
Des boutons derniers nés, quand il sort quelque chose,
C'est une maigre fleur qui meurt à peine éclose.
L'air n'a plus de chaleur, le sol n'a plus de sucs...
Aussi vous avez tort, géraniums caducs :
A vous couvrir ainsi d'ombelles minuscules,
Si près de votre fin, vous êtes ridicules.
Renonçant à ce grêle épanouissement,
Ne vaudrait-il pas mieux mourir tranquillement
Et, puisque la saison des fleurs s'en est allée,
Attendre sans fleurir la prochaine gelée,
Que ressembler à ces beautés sur le retour
Qui veulent à tout prix conserver une cour,
Fières de leurs attraits à demi séculaires,
Et, marchant à la tombe, y vont en robes claires?

Epiceas

Les peintres n'aiment pas les sapins toujours verts,
Sombres sous le soleil comme sous les étoiles :
Ils ne leur font jamais les honneurs de leurs toiles,
Sauf parfois quand ils sont de neige recouverts.

C'est qu'ils n'éveillent pas la douce sympathie
Ceux qui ne craignent rien des atteintes du sort !
Or, ces géants ont l'air de défier la Mort :
Jamais la sève en eux ne semble ralentie...

Le chêne monstrueux et haut comme une tour
Charme pourtant les yeux et l'âme de l'artiste ;
Car il pleure et sourit, il est joyeux et triste,
Lui dont la feuille s'ouvre et tombe tour à tour.

Mais sur les grands sapins les chaleurs dévorantes,
Les froids les plus aigus sont presque sans pouvoir ;
C'est sans en être émus, donc sans nous émouvoir,
Qu'ils regardent passer les saisons différentes.

A peine si le vent fait bouger leurs sommets ;
Et c'est pourquoi le peintre, amoureux de la vie,
A poser devant lui rarement les convie :
Ils ne sont pas touchants, ils ne souffrent jamais !...

Le Chariot

A Madame G. Delasalle.

Quand la nuit fait rouler par bonds silencieux
Sur les pentes du ciel ses noires avalanches,
Chaque soir apparaît un char prodigieux
    Formé de sept étoiles blanches.

C'est l'heure où le travail du jour est achevé :
Mais songeant que demain la tâche meurtrière
Courbera de nouveau son cou de réprouvé,
    L'homme à genoux fait sa prière.

Or, le Seigneur très bon est aussi le Très-Haut.
De nous à lui, comment effacer la distance ?
L'homme, levant les yeux, croit voir ce qu'il lui faut :
    Ces sept étoiles en partance !

Et les désirs de la dolente Humanité,
Les choses qu'elle craint, et celles qu'elle espère,
Tout cela s'amoncèle en ce Char de clarté
    Pour aller vers le divin Père !

Mais hélas ! depuis l'heure où dans le firmament
Aux premiers malheureux se montra la grande Ourse,
Pour porter jusqu'aux pieds de Dieu son chargement
    Jamais elle n'a pris sa course.

Les larmes n'y font rien, ni les cris éperdus ;
Pour l'ébranler le bras de l'homme est trop débile
Et c'est pourquoi nos vœux restent inentendus
    Sur le Char toujours immobile !...

Gibier

Le **chasseur** depuis l'aube arpente la campagne.
Sans rien voir, il a fait déjà bien du chemin
Et son fusil commence à peser dans sa main ;
Las comme lui, son chien en boitant l'accompagne.

Le découragement à la longue le gagne.
Tout à coup, dans un trèfle aux têtes de carmin,
Grand bruit d'ailes ! — Il tire. — Et jusqu'au lendemain
Il peut courir dès lors le val et la montagne.

Deux perdreaux sont tombés, — le coup double rêvé.
Homme et bête à présent vont d'un pas relevé.
La compagnie est loin. N'importe ! Il faut la suivre !...

C'est ainsi, quand on est le plus lassé de vivre,
Qu'un bonheur imprévu réveille la vigueur
Et redonne soudain des jambes et du cœur !...

En chasse

Délivrance ! La pluie a cessé : ce matin
On peut sortir ; on peut, en quête de butin
Guerroyer par la plaine et les bois. — Donc, en route !
Et je siffle mon chien. Pour Pingot, pas de doute :
J'ai mon fusil, on va massacrer des lapins.
Ils foisonnent là-bas, sous les jeunes sapins
Et les genevriers dont ils croquent la graine.
Pingot connaît l'endroit et c'est là qu'il me traîne.
Il va devant ; je suis docilement. Pourquoi
Lutter ? Pingot sait mieux mon affaire que moi.
Chien de chasseur et chien d'aveugle, c'est tout comme :
Dans l'un et l'autre cas la bête conduit l'homme...
Et voici la forêt... Entrons-y. — Le rideau
De feuillage est semé de fines gouttes d'eau ;
Car l'Aurore, en faisant sa toilette, éclabousse
Sur la branche la feuille et par terre la mousse.
Ah ! la bonne fraîcheur !.. Phœbus, l'archer divin,
De son poste élevé s'acharne, mais en vain,

A percer l'épaisseur de ces voûtes boisées,
Et le sol est jonché de ses flèches brisées.
Ma foi, si je brisais mes armes à mon tour?
Tout proclame par ce beau temps la loi d'amour;
Tout conseille de vivre et de laisser tout vivre.
Ici, mon vieux Pingot!.. Je ne veux plus te suivre!
Pour l'oreille, il serait cruel qu'un coup de feu
Éclatât dans ce grand silence!... Donc, adieu
Le gibier!.. J'ai perdu tout instinct sanguinaire.
Couche-toi là ! — Mettons de côté le tonnerre.
Ne tuons pas pour ton plaisir et pour le mien
Des êtres sans défense et qui ne nous font rien.
Non, je ne chasse plus! — Dors Pingot! — Moi, je rêve :
Avec les animaux, je conclus une trêve,
Et, comme saint François d'Assise, je me sens
Le frère devant Dieu de tous ces innocents !

Vieux marronniers

Hier les marronniers de la grande avenue,
Par l'automne jaunis, étaient feuillus encor,
Et de loin on eût dit d'une diète tenue
    Par des paladins casqués d'or.

Mais cette nuit, l'Hiver a de la base au faîte,
Secoué durement ces lutteurs hasardeux,
Et les débris du heaume arraché de leur tête
    Jonchent le sol tout autour d'eux...

Or, maintenant leur âge apparaît sans mystère :
Les pauvres marroniers tout nus, tout grelottants,
Exhibent dans le parc pour longtemps solitaire
    Leurs carcasses de soixante ans....

Ils perdent leur jeunesse en perdant leur feuillage :
Tels ces vieux histrions qui s'obstinent, fléau
Des jeunes, à jouer, grâce à leur maquillage,
　　　Raoul, Lindor ou Roméo.

Le jour, ils sont navrants avec leurs têtes blanches,
Leurs visages flétris que le fard craquela ;
Ils peuvent faire encor leur effet sur les planches,
　　　Mais il ne faut les voir que là.

Lorsqu'on les aperçut autrement qu'aux lumières,
On en garde à jamais l'exacte vision ;
Ils auront beau montrer leurs grâces coutumières :
　　　C'en est fait de l'illusion !

Et, désormais, malgré le fard et le panache,
Ce n'est plus Perdican qu'on a devant les yeux :
C'est un tel, vous savez, cette illustre ganache
　　　Qui faisait pâmer nos aïeux !..

Et l'on songe tout bas à des lois rigoureuses
Qu'un sage parlement votera quelque jour
Pour retirer l'emploi des phrases amoureuses
　　　A ces épouvantails d'amour !..

— Ainsi, grands marronniers sans feuilles, c'est l'usage
Qu'on vous quitte en novembre!..Adieu!..Nous reviendrons
En juin, quand vous aurez refait votre visage,
    Plâtré les rides de vos fronts.

Soignez-vous jusque-là!... Vivez!.. Ayez la force
De résister cinq mois à tant d'assauts divers,
Afin qu'au renouveau votre rugueuse écorce
    Se couvre encor de rameaux verts!

Et nous, vous retrouvant dans la grande avenue,
Vêtus de clair, très droits, très frais et très gaillards,
Nous oublierons encor que sous cette tenue
    Vous n'êtes que d'affreux vieillards!

Fleurs magiques

A MADAME A. DE PIERREBOURG.

On voit, quand le burin de la gelée y mord,
De fins dessins de givre illustrer la fenêtre,
Fleurs qu'un souffle qui tue a cependant fait naître,
Jardin mystérieux et blanc comme la Mort.

Sans doute le Printemps est grand clerc en magie,
Car sur le monde, hier moribond et glacé,
Il suffit que son coup de baguette ait passé
Pour en renouveler la sève et l'énergie ;

Et, bien qu'habituel, ce miracle toujours
Donne la même joie et la même surprise,
De voir le fin bourgeon percer l'écorce grise
Et l'herbe sur le sol déployer ses velours.

Mais de tous ces effets on aperçoit les causes ;
A d'inflexibles lois le miracle est soumis :
Le Printemps veut du plant, des graines, des semis,
De la matière enfin pour ses métamorphoses.

L'Hiver possède mieux l'art des enchantements :
Car ceci plus que tout semble incompréhensible,
Qu'avec de l'impalpable, avec de l'invisible,
Il fasse d'une vitre un champ de diamants.

Postiches

Le froid a tondu la forêt :
Plus une feuille n'apparaît
Sur les grands arbres centenaires ;
Les arbrisseaux ne font pas mieux ;
Ils vous ont l'air de petits vieux
Tout secs, tout valétudinaires ;

Et la clématite aux longs doigts
Qui, recourbant leur jeune bois,
Grimpe sur eux de branche en branche,
Avec ses houppettes d'argent
Coiffe leur tête d'indigent
D'une perruque toute blanche...

Paresse d'Hiver

On attend ta copie ! Allons ! Plus un instant
A perdre. Il faut finir cette page ! — Pourtant
Ton papier reste blanc, paresseux ! Ta pensée
Ne peut pas se fixer sur l'œuvre commencée,
Et par le ciel, hélas ! si froid, si nébuleux,
Elle s'envole ! — Où donc va-t-elle ? Aux pays bleus
Pleins de tièdes rayons et de senteurs divines ?
Non, car la neige tombe à Nice. Tu devines
Que la ville de joie a l'horreur de sentir
Ce froid linceul sur sa gaîté s'appesantir.
Elle se met du bleu, du rose : la céruse
Ne lui va point ! — Là-bas, la neige est une intruse.
— Où l'hiver a vraiment toute sa majesté,
C'est ici, car il est le maître incontesté ;
Oui, dans ce dur pays où, de glace couverte,
La terre va rester cinq mois sans être verte :
Mais dès que le soleil éclaire le jardin
Tous les cristaux du givre étincellent soudain !...

Et c'est l'hiver que tu contemples ! — L'énergie
S'éteint devant l'universelle léthargie.
Rien de vivant, plus rien ! D'invisibles réseaux
Tiennent les vents captifs ainsi que des oiseaux.
Tout sommeille sous un couvercle de silence !
Et tu te dis : « Pourquoi se faire violence,
S'imposer le travail, l'interminable effort ?
Pourquoi ne pas dormir quand la nature dort ? »
Et tu rêves de la primitive caverne
Où pendant de longs mois l'homme polaire hiverne ;
Il attend le retour de la belle saison,
Tranquille, heureux, vêtu d'une épaisse toison,
Sans se martyriser comme nous la cervelle
Pour chercher tous les ans une mode nouvelle.
Le poisson sec est son repas accoutumé ;
Et, content d'avoir chaud dans son antre enfumé
Où tout ce qui n'est pas indigène suffoque,
Aux heures de bombance, il boit du sang de phoque !...

Parc Monceau

A Madame Henriette Chailley-Bert.

Dans le parc où sont encadrés
Comme figures principales,
Des hôtels trop bien décorés
Entre des grilles triomphales,

L'hiver, les massifs labourés
N'ont plus de fleurs vives ni pâles ;
Les arbres rares sont rentrés
Dans les serres municipales.

Mais on voit pousser sur les bancs
Les nourrices à grands rubans :
Telles des pivoines écloses ;

Et, brillant, plein de joyeux cris,
Un parterre de bébés roses
S'épanouit sous le ciel gris.

Anesses

Anesses aux grands yeux, vous allez par les rues,
Portant un aliment léger
Aux vierges bientôt disparues
Qui toussent nuit et jour sans se croire en danger.

C'est au bruit des grelots que votre lait s'achète ;
Mais ils sont, ces grelots charmants,
Proches parents de la clochette
Dont marchent précédés les derniers sacrements !

Et je ne peux vous voir, qu'aussitôt ma pensée
N'évoque une enfant de seize ans,
Une très pâle fiancée
Qui tourne vers l'aimé ses yeux agonisants.

Elle fait des projets : « Sitôt le mariage,
                Ils partiront seuls, tous les deux,
                Pour un beau, pour un long voyage !
Et quant aux médecins, on n'a plus besoin d'eux.

Le bon lait tiède éteint ce feu qui la dévore.
                Vraiment, elle se sent très bien ;
                Quelques jours de régime encore,
Et de son vilain rhume il ne restera rien !.. »

Et l'enfant vous attend comme des bienfaitrices !
                Ainsi, hâtez-vous d'accourir,
                Douces bêtes, sombres nourrices,
Les dernières qu'on donne à ceux qui vont mourir !

Silence dans les bois

Lorsque l'hiver dans le feuillage
A promené ses grands ciseaux,
Que deviennent tous les oiseaux?
On n'entend plus leur babillage !

Où sont allés tous ces chanteurs
Leur troupe hélas ! est dispersée
Depuis qu'en la forêt glacée
Il ne vient plus de visiteurs.

Quand l'affiche porte : Décembre,
Chanter devient décourageant ;
Les oiseaux ne font plus d'argent
Les amateurs gardent la chambre.

Comme à l'Opéra, dans les bois
On a sa vanité d'artiste :
Tant que la salle sera triste,
Les chanteurs n'auront plus de voix.

Il faut à ces âmes coquettes
Le succès, le succès bruyant,
Et point ne leur semble attrayant
De chanter devant des banquettes.

On revient au théâtre ombreux
Lorsque la feuille est déjà grande :
Ils attendront que Mai leur rende
Leur gentil public d'amoureux.

Pour la fauvette, prima donne,
Pour le rossignol, fort ténor,
Il faut, quand part la gamme d'or,
Que le bruit des baisers résonne,

Et que tous deux soient applaudis,
(Pour mieux l'entendre ils font des pauses,)
Par le choc des lèvres mi-closes,
Sous les vieux arbres reverdis !

Opus inane

A FERNAND VANDÉREM.

Donc une fois de plus nous avons frissonné,
Car voici des frimas l'époque revenue ;
Et la plaine apparaît uniformément nue,
Lugubre canevas où rien n'est dessiné.

Tout ce qu'avait brodé durant la saison chaude
Une invisible artiste aux doigts prestigieux,
Le charme de la Terre et la douceur des Cieux,
Rayons et fleurs, fonds de lapis et d'émeraude,

Tout s'est évanoui !... Sur le métier immense,
La trame, où pas un brin de laine n'est resté,
Attend que, refaisant le Printemps et l'Été,
La main qui détruisit l'œuvre la recommence...

L'ouvrière inlassable, ô Nature, c'est toi !
Quand donc finiras-tu cette tapisserie
Dont jamais le dessin primitif ne varie,
Que tu défais toujours sans nous dire pourquoi?

Ta tâche nous paraît si peu rationnelle !
Pour t'acharner ainsi sur un travail si vain,
De quel époux traqué par le courroux divin
Attends-tu le retour, Pénélope éternelle?

POUSSIÈRES D'AMOUR

(ÉPISODE DE JEUNESSE)

> O souvenir ! trésor dans l'ombre accru !
> Sombre horizon des anciennes pensées !
> Chère lueur des choses éclipsées !
> Rayonnement du passé disparu !
>
> V. Hugo, *Contemplations*, liv. II, 28.

Rencontre

Quel cataclysme déchaîné
Interrompt tes chères études ?
Comment t'es-tu déraciné
De tes honnêtes habitudes ?

Tu méprisais les gens bien mis
Et ta fureur était épique
Contre ceux, parmi tes amis,
Qui flirtaient au Concours Hippique.

Et maintenant, comme un cercleux
Frais éclos de sa garçonnière,
En des vestons miraculeux,
Tu fais l'école buissonnière ;

Tu vas au Bois chaque matin,
Épiant de loin la venue
D'une enfant blonde, à l'air hautain :
Aimerais-tu cette inconnue ?

Qu'espères-tu, pour faire ainsi
Cet obstiné pèlerinage ?
Crois-tu qu'elle prenne souci
De ton modeste personnage ?

Vois tomber son regard altier :
En l'admirant, le tien la blesse !
Pour la croiser dans ce sentier,
Où sont tes quartiers de noblesse ?

Elle passe sur son pur-sang ;
Son amazone de drap sombre
Moule son corps adolescent :
Pourquoi la suis-tu comme une ombre ?

A quoi bon ? Tu n'as pas d'aïeux !
Poëte à l'âme débordante,
Le vin dont se grisent tes yeux
N'est pas fait pour ta lèvre ardente

Entre toi, mortel palpitant,
Et cette déesse impassible,
Hélas ! le fossé qui s'étend
A la largeur de l'impossible.

Orchidée du palétuvier

J'avais dit : « Ma jeunesse est morte ! »
Elle vient de ressusciter :
Une tendresse douce et forte
Emplit mon cœur sans l'agiter.

Pas une loi n'est offensée
De mon nouvel attachement :
Celle vers qui va ma pensée
A moi ne pense nullement.

J'aime, mais il faut qu'on l'ignore ;
J'aime et je ne demande rien :
Aucun espoir ne déshonore
Ce sentiment aérien.

Il n'est, ce sentiment céleste,
Mêlé d'aucun impur levain ;
Il se nourrit de ce qui reste
En moi de chaste et de divin :

Comme cette orchidée étrange
Dont la racine ne va pas
Chercher pâture dans la fange
Et les poussières d'ici-bas ;

Mais sur un grand arbre posée,
Son aliment essentiel,
Lumière ou goutte de rosée,
Lui vient directement du ciel !...

Remparts de sable

Enfants qui jouez sur le sable,
Vous élevez de toutes parts
Un long système de remparts
Que vous croyez infranchissable.

La mer envahit vos travaux
Et nivelle tout le rivage ;
Vous, vous réparez le ravage :
Voici des bastions nouveaux.

Mais vous n'aurez pas la victoire !
Vous ne pourrez même un instant
Lutter contre le flot montant !
Chers petits, c'est là mon histoire.

L'Amour montait, l'Amour vainqueur !
Et j'ai dit à l'Amour : « Arrière !
Ne franchis pas cette barrière
Que j'élève devant mon cœur ! »

Tout comme vous, têtes rieuses,
J'avais la folle illusion
De limiter l'invasion
Des grandes lames furieuses ;

Et devant elles j'ai dressé
Un premier mur, puis un deuxième...
Et l'Amour a passé quand même,
Et l'Amour a tout renversé !

Sachet

Dans ce bahut de bois sculpté
Où dorment toutes vos toilettes
Il suffit d'un sachet jeté,
OEillets, iris ou violettes :

Aussitôt, dans le meuble ancien,
Soie et batiste, tout s'embaume;
Désormais vous n'y prenez rien
D'où ne sorte le doux arome.

Ainsi, pour un seul mot cueilli
Sur votre lèvre enchanteresse,
Mon cœur tout entier s'est rempli
D'une fine odeur de tendresse;

Et depuis lors, depuis le jour
Où vous m'avez dit : « je vous aime! »
Je ne trouve rien en moi-même
Où ne soit la senteur d'amour.

Promenade

Au trot d'un coquet attelage
Nous courons la plaine et les bois ;
Et les chiens, dans chaque village,
Nous saluent de leurs longs abois.

Elle mène la tête haute,
L'air grave, le fouet en arrêt ;
Les poneys ne font pas de faute :
Ils savent qu'il leur en cuirait !

Pour eux ce n'est point chose obscure
Que ce fouet n'est pas dans sa main
Pour remplir une sinécure ;
Aussi vont-ils droit leur chemin.

Nous filons vite ! Sur sa joue
La brise met des tons rosés...
Les piétons que frôle la roue,
En la voyant sont apaisés ;

Et pas un seul ne se regimbe,
N'éclate en propos insolents :
Ses cheveux d'or lui font un nimbe,
Qui désarme les moins galants.

Nous allons vite! Où? Peu m'importe !
Allons ainsi jusqu'à la nuit,
Puisque le bonheur fait l'escorte,
Puisque c'est l'amour qui conduit!..

Non!... Un laquais nous accompagne
Et c'est assez de ce témoin
Pour rendre laide la campagne :
Mignonne, n'allons pas plus loin.

Quand on s'aime, la grande chose
C'est d'éviter les yeux moqueurs :
Rentrons! La porte une fois close,
Nous pourrons ouvrir à nos cœurs;

Et, nul n'étant plus aux écoutes,
Nous dépenserons les baisers
Qu'en courant sur les grandes routes
Nous avons économisés!

Vœu téméraire

Comme un parfum subtil et doux,
Echappant aux regards jaloux,
Un soir, ô ma tremblante amie,
Quand la maison est endormie,
Si je pouvais monter vers vous !

Echappant aux regards jaloux,
Et d'ailleurs par le vôtre absous,
Si je pouvais, hôte invisible,
Envahir votre âme paisible
Comme un parfum subtil et doux.

Comme un parfum subtil et doux,
(Tous ces poètes sont des fous !)
Si, protégé des trouble-fête,
Je vous tournais un peu la tête
Et qu'alors poussant les verrous,..

Tous ces poëtes sont des fous
Et vous voilà tout en courroux !
Ne craignez pas qu'on s'émancipe !
Tenez !... Mon rêve se dissipe
Comme un parfum subtil et doux !..

Pianissimo

Ne crains rien ! Mon amour viendra très doucement
Expirer à tes pieds comme le flot des grèves,
Et ton bonheur sera comme un long bercement
Où tu ne sauras plus si tu vis ou tu rêves.

Tu trouveras chez moi tout ce dont tu manquas,
Grand calme, longs respects, jamais d'humeur chagrine ;
Avec ton cœur, j'aurai de ces soins délicats
Qu'on prend pour manier un objet de vitrine.

Je connais l'instrument. Un coup d'archet brutal
Ne ferait pas chanter l'âme que j'y sens prise ;
Très fragile et très pur, c'est un luth de cristal :
On l'effleure, il résonne ; on le heurte, il se brise !

Inquiétude

Le nid est prêt ! Par grand hasard,
Cette fois rien n'est en retard ;
    Tenture, glace,
Tapis, meubles capitonnés,
Tout, suivant les ordres donnés,
    Est à sa place.

Le nid est prêt ! Donc, plus d'ennui !
Il nous pourra dès aujourd'hui
    Donner asile ;
Nous ne battrons plus le pavé.
Enfin ! notre amour a trouvé
    Un domicile !

Le nid est prêt ! Toi que j'attends,
Combien de jours, combien d'instants
    T'y garderai-je ?
Un nid, ça dure une saison !
Ce bail si court, la trahison
    Souvent l'abrège !

Mais pourquoi te parler ainsi ?
Et d'où me vient un tel souci ?
    Vieille habitude !
Chez moi, toujours même refrain !
Toujours j'ai dans la tête un grain
    D'inquiétude !

A trente ans (ah ! trop révolus !)
Sans ride encore, l'on n'a plus
    L'âme très neuve ;
Et le bonheur réalisé
Pour moi n'est plus symbolisé
    Par le grand fleuve,

Ni même par le ruisselet
Où l'on peut boire autant qu'il plaît,
    Sans fin ni trève :
C'est un vin rare et d'un tel prix
Que jamais mortel n'en a pris
    Selon son rêve.

Je t'aime donc avec effroi :
Heureux, je sais quelle est la loi,
    La loi sévère ;
Je sais que j'use mon avoir
Et crains toujours d'apercevoir
    Le fond du verre !

Grazie

Après m'avoir permis les baisers décisifs
Et t'être à mon désir si bien apprivoisée,
Qu'au milieu des transports, des sanglots convulsifs,
Ma grande soif d'amour s'était presque apaisée;

Le lendemain, c'est toi qui me disais merci;
Ta voix pour me parler se faisait caressante;
Ton doux regard semblait s'être encore adouci,
Et tu t'ingéniais à m'être obéissante.

A mes méchancetés (car méchant je suis né),
Tu répondais par un sourire de clémence,
Et tout disait en toi ta gratitude immense
Pour l'immense bonheur que tu m'avais donné !

Sécurité

Cette nuit il a fait de l'orage ; le vent
Se ruait comme un fou sur la maison fermée.
Tranquille, tu dormais ; moi j'écoutais, rêvant :
Ton souffle pur, à peine ouvrait ta bouche aimée.

Comme il devait pleuvoir et faire froid dehors !
Chère, de tes yeux clos je n'avais pas la flamme,
Mais près, tout près de toi je me réchauffais l'âme
A la chaleur égale et tiède de ton corps !

Le cyclone avait beau promener les désastres.
Je t'avais pris la main : quoi qu'il dût advenir,
J'étais calme, étant sûr que la chute des astres
Pouvait nous écraser mais non nous désunir.

Scrupule

Dans les Alpes, les blancs sommets
Que le bleu du ciel environne
Semblent dire à l'homme : « Jamais
Tu n'atteindras notre couronne ! »

Pure bravade ! Pas un d'eux,
Malgré ses murailles de glace,
Ne peut décourager l'audace
De l'Alpiniste hasardeux.

Pas un seul pic, pas une aiguille
Qu'on n'escalade. Le Cervin
Prend l'air terrible, — mais en vain :
Les Anglais y vont en famille.

La Yung-Frau de loin nous paraît
A l'abri de toute défaite :
Que faut-il pour monter au faîte ?
Un cœur solide et du jarret.

Mais parfois, couvrant les abîmes,
La neige fraîche, en plein été,
Tombe et redonne aux hautes cîmes
Un semblant de virginité.

Et les montagnes, dans les nues,
Triomphent de l'homme à leur tour,
Fières d'être redevenues
Inaccessibles pour un jour !..

Tel votre cœur ! En apparence
Nul chemin n'allait jusqu'à lui.
Mais j'avais la persévérance :
M'en voici le maître aujourd'hui !

Cependant, parfois, il a honte,
En songeant qu'un simple mortel
Eut de lui victoire si prompte ;
Pris d'un remords accidentel,

Subitement le froid le gagne :
Le revoilà de blanc vêtu...
Il a neigé dans la montagne,
Il est tombé de la vertu.

Convalescence

Tu vas mieux. Ce n'est pas la guérison parfaite ;
Mais tu sors ! Plus d'exil maintenant, plus d'effroi.
Te voilà, souriante, en frais atours : c'est fête
Dans ce logis où j'ai tant pleuré loin de toi.

Comme aux jours consacrés le prêtre orne le temple,
J'avais dit : « J'emplirai notre chambre de fleurs.
J'en veux dans tous les coins, car leurs belles couleurs
Donneront à son teint pâli le bon exemple ;

Et les reflets pourprés des Nayron, des Anna,
Réussissant peut-être où le remède échoue,
Auront plus de vertu que les vins de Kina
Pour lui remettre un peu de rose sur la joue ! »

Et puis j'ai réfléchi que les bouquets joyeux
Ont souvent une odeur trop forte qui peut nuire...
Mais si tu veux des fleurs, approche et vois reluire
En mes yeux les bluets sans parfum de tes yeux !

Absolution

Depuis longtemps déjà mon secret m'étouffait !
Un cœur trop plein éclate à moins qu'il ne s'épanche :
Le mien s'est confessé. Sur une feuille blanche
J'ai conté les erreurs de ce cœur imparfait.

La page jusqu'au bout de mes fautes noircie,
Je suis près du foyer venu m'agenouiller.
Le feu mourait; pourtant on voyait scintiller
Encor quelques tisons dans la cendre épaissie.

Sur ce bûcher, j'ai mis avec dévotion
Le papier qui savait ma honte et ma torture;
Et, tout à coup, voici qu'une clarté très pure
A jailli, qui sortait de ma confession...

Et je la contemplais; et pendant que la flamme
Dévorait, sans laisser de trace, mon aveu,
Je me sentais absous, — comme si ce grand feu,
En brûlant mes péchés, me purifiait l'âme.

Tyrannie

Tu me veux obéir? Merci. Mais le bon goût
Me défend d'empiéter sur ton indépendance :
Je ne t'interdis rien au monde, — que la danse,
Car de te voir aux bras d'un autre, mon sang bout!

Le bal! Ah! pour le Diable amoureux quel atout!
Ta robe t'y fait belle avec trop d'évidence,
Et l'admiration y tourne à l'impudence :
Ainsi ne danse plus, ne valse plus surtout?

« Simple usage, dis-tu, convention mondaine! »
N'importe ! Je suis pris d'une rage soudaine,
Quand un monsieur, dont l'œil trahit les noirs desseins,

T'entraîne, comme un Faune en gaîté sa Bacchante,
Et, se penchant sur ton épaule provocante,
Respire de si près les roses de tes seins.

Exécution

Vu l'arrêt de la cour d'Eros, étant dûment
Prouvé que, si mon cœur brûlait éperdûment
Et de telle façon que rien n'y remédie,
Vous aviez sciemment allumé l'incendie,
Ce dont vous paraissiez n'avoir aucun remord :
Par le Code, ce crime étant puni de mort,
Afin d'exécuter contre vous la sentence,
Je suis venu. — Mais loin de faire résistance,
Vous vous êtes livrée au bourreau gentiment ;
Et vous aviez, au fond, si bien le sentiment
D'expier justement votre horrible conduite,
Que vous avez voulu mourir deux fois de suite !...

Aimé

Tu le sais, j'avais peu de goût
A me poser en preneur d'âmes :
Je ne me trouvais pas du tout
Taillé pour plaire aux belles dames.

Or, prépare tes épigrammes,
Je deviens fat ! — Ce qui m'absout,
C'est que je lis aux yeux des femmes
Que tu m'aimes un peu, beaucoup...

Être aimé, cela rend aimable !
Quelque chose d'inexprimable
Rayonne autour d'un front chéri ;

Et c'est pourquoi, sur mon passage,
Hier plus d'une, ou folle ou sage,
S'est retournée et m'a souri...

———

Lecture

Ce matin-là, nous nous sentions
Troublés par les suggestions
De la nature ensorceleuse.
Le bon air et la bonne odeur !
Aussi je n'étais pas boudeur
Et tu n'étais pas querelleuse.

Sous les grands hêtres surplombant,
Nous étions sur le même banc,
Savourant la douceur de vivre ;
Et nous lisions — n'importe quoi.
J'étais tout près, tout près de toi,
Car nous lisions au même livre...

Nous lisions la main dans la main ;
Nos yeux suivaient même chemin
Sur le texte de ce « Lemerre » ;
Et c'était presque aussi charmant
Que de boire amoureusement
Tous les deux dans le même verre.

Nocturne

Je te regarde sommeiller
En travaillant. — Es-tu jolie,
Ma Desdémone, ensevelie
Dans les blancheurs de l'oreiller !

C'est stupide de rimailler.
Mes beaux projets, je vous oublie :
Je me lève. — Point de folie !
Il ne faut pas la réveiller.

Rasseyons-nous !.. Ma plume évite
De crier ; mon cœur bat moins vite...
Silence ! Le calme renaît...

J'ai dit aux baisers : « Tout à l'heure ! »
Et l'essaim des baisers demeure
Dans les branches de mon sonnet !

Sincère amour

Si j'étais Rubens, je voudrais
Revenir un seul jour au monde
Et faire avec ta beauté blonde
Le plus divin de mes portraits.

Je voudrais, si j'étais Pétrarque,
Et si ta bouche l'ordonnait,
Repasser l'Achéron en barque
Pour t'écrire un nouveau sonnet.

Un amoureux, peintre ou poëte,
C'est la gloire!... Mais rien ne vaut,
Crois-moi, la passion discrète
Qui ne sait pas parler tout haut...

Au chef-d'œuvre de la nature,
L'artiste préfère le sien ;
Il n'admire la créature
Que pour créer ou mal ou bien.

Il peut te chanter ou te peindre :
Ce qu'il aime en toi n'est pas toi.
Si tu tiens aujourd'hui l'emploi
Du rêve qu'il tâche d'atteindre,

Au nom du Beau, de l'Idéal
Dont il est l'esclave et l'apôtre,
Il ira demain, ton féal,
Peindre ou chanter aux pieds d'une autre.

Mais auprès de moi ton bonheur
Ne court point pareille aventure :
Je ne rime qu'en ton honneur
Et n'entends goutte à la peinture.

Je ne suis rien que ton amant,
Très peu connu mais très fidèle ;
En toi j'adore uniquement
Ma maîtresse et non mon modèle !

Supplice de Rose

Hier, je regardais une Rose, une France
(Car c'est à celles-là que va ma préférence).
Pensive, son col mince et long un peu ployé,
Elle sentait très bon d'un air très ennuyé ;
Et je lui demandai quelle douleur intime
Lui faisait prendre ainsi figure de victime.
Elle me répondit avec quelque hauteur :
« C'est que je sens sur moi le regard d'un auteur !
Ah le fastidieux métier que d'être Rose !
Sur nos têtes, il pleut tant de vers, tant de prose,
Qu'elles penchent au poids trop lourd de cet encens.
Tu vas encor parler de moi, je le pressens,
Et m'apprendre que j'ai le parfum et la grâce !
Mais songe que déjà du temps du bon Horace,
Quand j'étais presque jeune encor, dans l'arsenal
Des symboles, mon nom était déjà banal !

Ne peux-tu me laisser tranquille?.. Oh! je devine!
Ton esprit est hanté d'une gorge divine;
Tu veux la célébrer : tout naturellement,
Je ferai, n'est-ce pas, les frais du compliment;
Et tu vas comparer, car l'image s'impose,
Les boutons de ses seins à deux boutons de rose.
C'est absurde, et pour moi c'est vexant! Il est clair
Que je suis laide auprès de ces deux fleurs de chair...
Puisque tu n'en es plus à ton apprentissage,
Laisse dormir en paix les clichés hors d'usage;
Et, crois-moi, pour sentir se dresser sous ta main
Cette divine gorge aux pointes de carmin,
Et qu'on tourne vers toi des yeux noyés d'extases,
Sers-toi de baisers neufs et non de vieilles phrases! »

Suggestion

Tu vas venir ! Mais quand j'attends,
Chère, je suis si misérable !...
Hélas ! comment tuer le temps,
Ce long vieillard invulnérable ?

A coups de plume ? Justement !
Je me décide. — Vers ou prose,
Je suis en mal d'enfantement :
Je vais produire quelque chose !

Et cependant que mon esprit
Attend que la Muse soit prête,
Sur la page où rien n'est écrit
Je laisse errer ma main distraite.

D'abord (horribile visu !)
C'est un grimoire, une débauche
De traits allant à droite, à gauche,
N'offrant qu'un sens très décousu :

Tels ces bâtons que l'on rencontre
Sur le cahier des écoliers,
A qui le magister démontre
L'art des pleins et des déliés.

Mais avant que sorte du rêve
Le plan de l'ouvrage nouveau,
Que cette brume enfin se lève,
Qui flotte encor sur mon cerveau,

Et que le vol de mes pensées
Choisisse un but déterminé,
Les lignes, par mes doigts tracées,
S'en vont d'un pas plus ordonné.

Voici des lettres, ce me semble ;
Ces lettres, regarde-les bien ;
Elles forment, toutes ensemble,
Un nom, — et ce nom, c'est le tien.

C'est qu'en rêvant à tire-d'aile
J'ai trouvé l'amour en chemin,
Et, sans que ma tête s'en mêle,
Mon cœur a dirigé ma main !...

Querelle

Souvent pour un mot vif, un geste,
Une ombre dans tes yeux câlins,
Toute ma gaîté meurt : je reste
Silencieux ! — Et tu te plains.

De l'indulgence, je t'en prie !
Car ces tristesses d'un moment,
Ce n'est point sotte bouderie :
C'est de la peur tout simplement.

Tu m'aimes, mais l'expérience
Acquise hélas ! de grand matin
M'a donné de la défiance
Pour les avances du Destin.

Je sais que tout bonheur est traître
Et je crains, déçu tant de fois,
De voir celui-ci disparaître,
Comme l'eau file entre les doigts.

Aussi, tout m'est fâcheux symptôme :
Un pli sur ton front, c'est assez
Pour que j'évoque le fantôme
De mes mauvais jours effacés.

Vois-tu, dans les âmes blessées,
La plaie est prompte à se rouvrir :
J'ai gardé des douleurs passées
La facilité de souffrir.

Les pleurs qui, sur ma triste route,
Jadis tombèrent de mes yeux,
Mon cœur, vase mystérieux,
Les a recueillis goutte à goutte ;

Et maintenant, pour renverser
La liqueur dont la coupe est pleine,
Il suffit d'y toucher à peine...
Allons, viens vite m'embrasser !

L'Incurable jalousie

(Vers non envoyés)

Je suis jaloux ! — Non pas de tes adorateurs :
Les regards expressifs, les mots adulateurs,
Les déclarations directes elles-mêmes
(Puisque sans vanité je sais bien que tu m'aimes),
Tout cela, dans le fond, me laisse indifférent.
Je suis jaloux du Temps ! Chaque jour il me prend
Un peu de toi ! C'est lui qui pâlit la lumière
Des deux diamants bleus qu'enchâsse ta paupière ;
Qui mêle de l'argent à l'or de tes cheveux ;
C'est lui qui de ton corps délicat et nerveux
Empâte les contours et détruit la finesse :
Il me vole à toute heure un peu de ta jeunesse,
Ce braconnier sinistre et toujours à l'affût...
« Elle ne sera plus jamais ce qu'elle fut ! »
Oh ! se dire cela, c'est la pire souffrance !
Une infidélité laisse de l'espérance :

J'eusse perdu ton cœur qu'au moins j'aurais encor
Chance de regagner ce mobile trésor ;
Mais je ne peux, l'Amour me prêtât-il main-forte,
Reprendre au Temps cruel ta beauté qu'il emporte !

Imprudence

On n'aime qu'à raison du mal que l'on se donne
Pour conserver un cœur que l'on sent mal dompté
Et le mien qui toujours s'attendrit et pardonne
Te paraît sans valeur t'ayant si peu coûté.

A ne jamais barrer la route à ton caprice,
A t'être obstinément soumis comme ton chien,
J'ai lâché bride à ton humeur dominatrice :
Tu t'es accoutumée à me compter pour rien.

Mieux eût valu parfois te montrer ma colère :
Ton cœur à mon profit en eût battu plus fort.
Aimer, c'est avant tout la crainte de déplaire ;
Je ne me suis pas fait redouter : c'est mon tort.

C'est mon tort, étant bon, de le laisser paraître,
De ne pas t'imposer brutalement ma loi ;
Je le sens, je ne suis ni ton Dieu, ni ton maître,
Pour ne t'avoir jamais fait trembler devant moi.

Ma constante indulgence à tes yeux me diffame ;
Sévère, tu m'aurais mieux payé de retour,
Car le chemin est court dans une âme de femme
Du frisson de la peur au frisson de l'amour.

Non, je ne devais pas te sourire ou me taire,
Quand j'étais contre toi justement irrité ;
Il fallait être ferme, et que mon caractère
T'offrît le point d'appui de quelque aspérité.

Ma tendresse uniforme à la longue te lasse ;
J'aurais dû, par prudence, un peu moins l'aplanir ;
Trop égale et trop pure, elle est comme la glace
Où tu peux te mirer mais non te retenir !...

Avertissement

Jamais je ne t'ai plus aimée,
Tu le sais bien ! — Mais cependant,
Surveille, crainte d'accident,
Ta brusquerie accoutumée ;

Et, pour un non ou pour un oui,
Ne cesse pas de m'être douce ;
Évite enfin toute secousse
A mon amour épanoui.

Car il est fragile à l'extrême
Précisément par la raison
Qu'il est en pleine floraison !..
Tiens ! Ce lilas est son emblème :

Prends garde qu'un geste distrait,
N'en agite les longues branches :
Tout le bouquet de grappes blanches
Au moindre choc s'égrenerait !..

Crédulité

Lorsque le grand soleil revient dans les grands bois
Tout remplis d'une odeur de sève qui fermente,
Le printemps assoupit le mal qui me tourmente ;
Je me retrouve jeune et gai comme autrefois.

Tous mes doutes s'en vont. Je suis heureux. Je crois
Que mon long dévouement touche ton âme aimante
Et qu'il ne se peut pas que ton baiser me mente,
Et que c'est un or pur qui sonne dans ta voix.

En tes yeux, comme au ciel, je revois la lumière ;
J'ai la foi comme au temps de ma candeur première ;
Et je me dis, malgré ton air froid ou distrait,

Qu'effeuillé par les vents et les hivers moroses
Ton amour prend, ainsi que l'antique forêt,
Une nouvelle vie au renouveau des choses.

Anxiété

Je vis dans l'attente
De je ne sais quoi...
Aux plis de ma tente
Souffle un vent d'effroi !

L'âme mécontente
De tout et de moi,
Je vis dans l'attente
De je ne sais quoi.

La gloire éclatante,
L'argent qui fait roi,
Plus rien ne me tente,
Rien, — pas même toi !...
Je vis dans l'attente...

Requiem

Moi qui vivais comme un reclus
Au temps des choses que je pleure,
Je ne peux plus rester une heure
Dans la chambre où tu ne viens plus.

Quand la douleur est incurable
Se fatiguer est un calmant :
Aujourd'hui, seul et misérable,
J'ai marché désespérément.

J'ai marché tant, tant, qu'à me suivre
Ton souvenir a renoncé :
La lassitude qui rend ivre
Avait en moi tout effacé.

Mais enfin elle paralyse.
Épuisé, j'ai voulu m'asseoir;
Je suis entré dans une Église :
Le seuil était tendu de noir.

Des fleurs, des chants et des lumières !
C'était un grand enterrement
Avec les pompes coutumières....
Et je me souvins brusquement !

Quelqu'un avait tué mon âme :
C'était pour elle, ce cercueil,
Ces prêtres, ces cires en flamme,
Tout ce monde vêtu de deuil !

Cette messe, c'était pour elle,
Hélas ! C'était en son honneur
Que dans la gothique tourelle
S'escrimait le bras du sonneur.

Lorsqu'à la fin, suivant l'usage,
Dans la foule, je suis venu
Jeter l'onde sainte au visage
De ce mort, de cet inconnu,

J'ai senti fuir mon dernier doute :
C'était bien moi le trépassé,
Car l'eau bénite, goutte à goutte,
Retombait sur mon front glacé !..

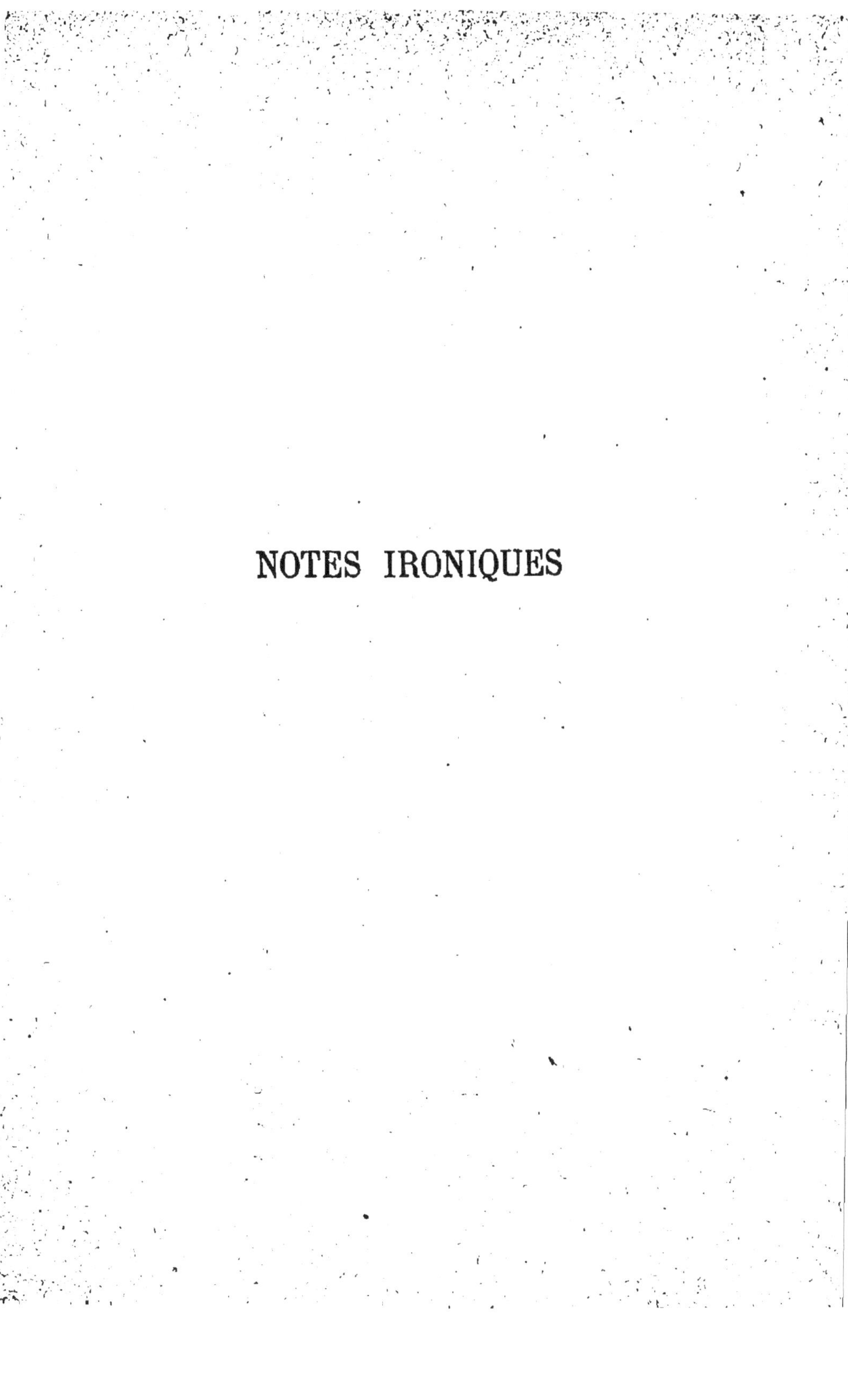

NOTES IRONIQUES

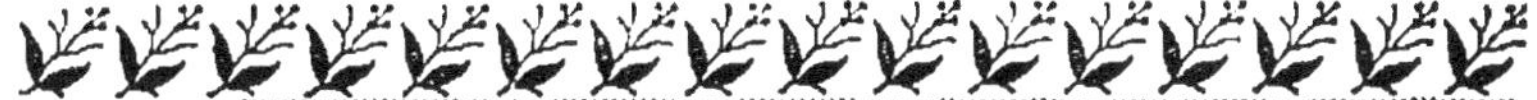

Avarice

Homme de lettres, mon confrère,
Même en dehors de ton chantier,
Jamais tu ne peux te soustraire
Aux exigences du métier ;

Et chaque fois que de ta verve
L'étincelle vient de jaillir,
Comme il faut qu'elle te resserve,
Tu prends soin de la recueillir.

Tu ramasses tes moindres miettes
Pour ta pièce ou pour ton bouquin :
De là, tes mines inquiètes,
Quelque chose en toi de mesquin !

Jamais tu n'as la grâce aisée
De l'amateur à qui suffit
De tirer gaiement sa fusée
Sans en tirer aucun profit.

Tu te ménages, tu t'endigues :
Tu n'as pas, aimant récolter,
Le geste large des prodigues
Qui jettent leur grain sans compter.

Tu rentres ton blé dans tes granges ;
Comme la fourmi tu prévois,
Et tes dédains sont bien étranges
Pour l'avarice du bourgeois.

S'il tient l'état de ses dépenses,
Ayant même tempérament,
Ce que tu dis, ce que tu penses,
Tu le notes exactement ;

Et vos deux races ennemies
Ont le même but à peu près :
Faire beaucoup d'économies
Et placer à gros intérêts.

Double chœur

A Auguste Le Roy.

CHŒUR DES ÉPHÈBES.

Démolissons un tas de choses
Et que rien n'en reste debout !
Vieux poèmes et vieilles proses,
Démolissons un tas de choses !
Hugo, Musset, Augier, About,
Sont puanteurs pour nos névroses
Démolissons un tas de choses
Et que rien n'en reste debout !

Mettons des bombes dans le socle
De tous les marbres vénérés !
Fût-ce le buste de Sophocle,
Mettons des bombes dans le socle !
Des gros critiques atterrés
Faisons choir l'antique binocle !
Mettons des bombes dans le socle
De tous les marbres vénérés !

Nous taperons sur les grands hommes
Dans des journaux faits tout exprès.
Ils peuvent encaisser des sommes :
Nous taperons sur les grands hommes !
Même en ne faisant pas nos frais,
Très fiers d'être ce que nous sommes,
Nous taperons sur les grands hommes
Dans des journaux faits tout exprès.

Il faut qu'on soit ésotérique :
Il est abject d'être compris !
C'est notre marque de fabrique :
Il faut qu'on soit ésotérique !
Notre vente, même à bas prix,
Ne fût-elle que théorique,
Il faut qu'on soit ésotérique,
Il est abject d'être compris !

CHOEUR DES QUINQUAGÉNAIRES.

Votre candeur est bien touchante,
Jeunes gens qui touchez à tout !
Malgré votre mine tranchante,
Votre candeur est bien touchante !

L'apostolat est votre goût
Et ne rien toucher vous enchante?
Votre candeur est bien touchante,
Jeunes gens qui touchez à tout,

Quand il vous poussera du ventre
Vous serez moins réformateurs !
Vous irez de la gauche au centre,
Quand il vous poussera du ventre !
Un âge vient pour les auteurs
Où le beau, c'est l'argent qui rentre :
Quand il vous poussera du ventre
Vous serez moins réformateurs !

C'est vous qui jouerez les burgraves :
Car ici-bas, chacun son tour !
Riches, décorés, hommes graves,
C'est vous qui jouerez les burgraves...
Et vous vous plaindrez chaque jour
Que la Presse soit sans entraves.
C'est vous qui jouerez les burgraves :
Car ici-bas, chacun son tour !

Pour l'instant, soyez des esthètes :
Traduisez les Norwégiens !

Cherchez de rares épithètes :
Pour l'instant, soyez des esthètes !
Comme de gais collégiens,
Tous les jours demandez nos têtes.
Pour l'instant, soyez des esthètes :
Traduisez les Norwégiens !...

Rengaines

La Fleur, l'Oiseau, l'Étoile, ont trop longtemps fourni
D'images les preneurs de rimes. — C'est fini !...
Et, par décision des bardes impeccables,
Défense désormais d'admettre ces vocables.
Tout poème infecté par eux inspirera
La même aversion qu'un livret d'opéra,
Une romance, bref, toute chose vieillotte
Bonne à mettre en musique ou bien en papillote !...
Soit ! Mais sans ces trois mots, quels vers pourront encor
Embaumer, rayonner et prendre leur essor ?
Et, si l'on écoutait les gens à théories,
Par quoi donc remplacer les trois sources taries ?

On invoque Darwin : « La loi de l'univers,
L'Évolution, doit régir même nos vers,
Et, dans un temps où tout se transforme et progresse,
S'en tenir aux vieux mots, c'est sottise ou paresse.
Au panier, les poncifs du classique endurci !
Soyons des inventeurs ! — N'a-t-on pas réussi

8

A tirer de la houille, en pressant ses atomes,
De nouvelles couleurs et de nouveaux aromes !
C'est ainsi que de mots trop longtemps méprisés
Et qui restaient au fond de la prose enlisés,
Nous saurons bien tirer, nous la tribu choisie,
Une très neuve et très savante Poésie.
Car tout utiliser, c'est là tout le progrès ;
Et les termes les plus obscurs, les plus abstraits,
Manipulés suivant les formules requises,
Donneront des senteurs, des nuances exquises. »

Ah ! n'importe ! Vos chants, ô doctes ménestrels,
N'auront pas la fraîcheur des produits naturels ;
La nouvelle ambroisie, étrange et compliquée,
Gardera comme un goût de chose fabriquée,
Vin factice affublé d'un nom de grand château,
Mais né chez le chimiste et non sur le coteau !..

Donc, malgré les arrêts qui vous ont condamnées,
Pour moi, brillez toujours, Étoiles surannées ;
Oiseaux, proscrits charmants, venez. Je vous reçois
Dans mes vers : chantez là comme dans les grands bois !
Accourez, vous aussi, douces Fleurs qu'on exile,
Et fleurissez mon luth, pour payer votre asile !
Rayon, Chant et Parfum, trio discrédité,
Vous demeurez pour moi la Sainte-Trinité !

Centenaire de Voltaire

Depuis un siècle entier que ta paupière est close,
Voltaire, as-tu jamais goûté le bon sommeil
Et la fraîcheur de l'ombre où, le soir, se repose
L'humble manœuvre après le labeur au soleil?

Non, tu ne peux dormir! O soldat sans pareil,
De combats trop ardents ta mémoire est la cause :
Que ce soient cris de haine ou chants d'apothéose,
Tout ce bruit doit toujours te tenir en éveil.

Que t'importe, lutteur retiré de la lice,
Qu'on acclame ton nom ou bien qu'on le salisse?
Dans la tombe, le bien, le mal, tout se confond ;

L'éloge est sans douceur, le blâme sans piqûre ;
Et tu n'as qu'un désir, en ta retraite obscure,
Sentir sur toi descendre un silence profond.

Grasse matinée

Les bruits extérieurs m'arrivent affaiblis
Par les vitraux épais et les lourdes tentures ;
Je me laisse bercer à ce vague roulis,
Enfoui sous l'amas des chaudes couvertures !

Tout à l'heure j'aurai mille ennuis ! Il faudra
Reprendre le collier, dont ma paresse pleure,
Etre bon citoyen, bon père et cœtera...
J'y consens ! Je serai tout cela, — tout à l'heure !

Pour le moment, je ne suis rien ! — Le bel état !
A tout penser précis, je refuse audience
Et je laisse dormir en paix ma conscience !
Plût au ciel qu'aucun cri ne la ressuscitât !

J'ai les deux yeux fermés : cela me justifie.
J'ai le droit d'oublier les devoirs décevants,
Les tracas, les chagrins, tout le poids de la vie,
Tant que je ne suis pas au nombre des vivants !

Le Bleu

Pécheurs, mes frères, comme moi
Vous contemplez avec effroi
L'état misérable où nous sommes;
Car tous les bourbiers d'ici-bas,
Même quand on n'y tombe pas,
Eclaboussent les pauvres hommes.

Tous, en ce monde de douleurs,
Nous ressemblons à ces rouleurs
Qu'à Paris aussi bien qu'en Chine,
A Londres comme à Visapour,
On condamne simplement pour
S'être crottés jusqu'à l'échine.

Et vous vous dites : « Sûrement,
Au jour du dernier Jugement,
Sans plus ample interrogatoire,
Nos habits de fange couverts
Nous feront tous diriger vers
La Géhenne ou le Purgatoire. »

Non ! Avant le grand examen,
Nous serons, au bout du chemin,
Tous plongés dans quelque piscine ;
Et, certes, vous vous rappelez
Pourquoi les linges maculés
Sortent si blancs de la bassine.

Maintes fois vous avez dû voir
Comment s'accomplit au lavoir
Cet éblouissant sortilége :
Dans l'eau, quelques boules d'azur
Font du haillon le plus impur
Tout à coup un flocon de neige.

Et c'est pourquoi, je vous le dis,
Nous irons tous en Paradis !
Malgré la boue où nous marchâmes,
Nous paraîtrons nets devant Dieu :
Il est au ciel assez de bleu
Pour y passer toutes les âmes !...

Premières paroles

Pourquoi je vous suivais, madame ?
Pour mon plaisir, — mais néanmoins
En toute simplicité d'âme :
Que tous les Dieux m'en soient témoins !

Songez que la terre est remplie
De laiderons ! En vérité,
Etre jeune, fraîche et jolie,
C'est faire acte de charité.

Vous étiez trois fois charitable,
Car vous aviez les trois vertus :
Tout en vous était délectable
De la toque aux souliers pointus.

Les gens pressés que rien n'arrête
Vous dépassaient; mais prestement
Ils tournaient aussitôt la tête
Pour vous revoir rien qu'un moment.

Moi qui prends une rue ou l'autre
Sans trop m'enquêter où je vais,
Réglant mon allure à la vôtre,
Discrètement je vous suivais.

Oh ! sans grossière convoitise !
Vous veniez d'enchanter mes yeux
Et j'aurais tenu pour sottise,
Simple passant, d'espérer mieux.

D'ailleurs je n'avais nulle envie
De mettre, ayant assez pleuré,
Un nouvel amour dans ma vie :
Je vous suivais en désœuvré.

Toute bulle de savon crève :
Mais on la gonfle et c'est charmant !
Je vous suivais, parce qu'on rêve
A ce jeu là très doucement;

Je vous suivais, parce que l'homme
A beau faire, il n'échappe pas
A son destin! — Et voilà comme
J'étais, madame, sur vos pas.

Mais moi qu'un regard déconcerte,
J'ai cru vous suivre à votre insu,
Et je ne me flattais pas, certe,
Que vous m'eussiez même aperçu.

Je vous voyais une auréole
Et jamais je n'eusse pensé
A vous adresser la parole.....
Si vous n'aviez pas commencé.

Portrait de M. X...

(Réflexions du modèle.)

Vous comprendrez tous mon émoi :
Aujourd'hui mon portrait s'achève.
Trois coups et la toile se lève...
Affreux !.. Affreux !... Oui, mais c'est moi !

L'artiste a bien rempli sa tâche.
Il ne m'a vraiment pas flatté,
Mais c'est criant de vérité :
Impossible que je me fâche.

Il m'a joué d'un tour cruel;
Mais quel reproche lui ferais-je?
Ce clair obscur, c'est du Corrège
Et ce dessin, du Raphaël !

— C'est là ce qui rend l'aventure
Si triste pour ma vanité,
Que ce moi, si mal fagoté,
Soit de la si bonne peinture.

Être blagué de mon vivant,
N'était-ce pas assez ? Pauvre homme,
Je vais lâcher la forte somme,
Las ! pour l'être au siècle suivant !

La mort qui brise tous les masques
Sur le mien usera sa faux !
Mon physique et tous ses défauts,
Les cheveux rares, les chairs flasques,

Ce corps qui tourne au monument,
Tout cela brave les années :
Voilà mes laideurs condamnées
A me survivre obstinément !

Dans les ventes, dans les musées,
Très haut coté comme œuvre d'art,
Mon portrait passera plus tard
Devant les foules amusées.

Ce type de vulgarité,
Quand je ne serai plus qu'une ombre,
Fera, pendant des jours sans nombre,
Se tordre la postérité.

Et toujours le peintre fidèle
Sera loué comme aujourd'hui ;
Et l'on dira du bien de lui,
En disant du mal du modèle.

On se moquera du poussah ;
Sur mon gros nez, mes mains rougeaudes,
On fera maintes gorges chaudes,
— Et moi, j'aurai payé pour çà !

J'aurai payé pour que l'on dise :
« Quel artiste ! Mais quel magot ! »
N'est-ce pas être un vrai nigaud
De lui solder sa marchandise ?

Je l'aurai payé sans rabais,
(C'est la morale de la chose),
Pour qu'il ait, lui, l'apothéose
Et moi toujours les quolibets ;

J'aurai fait brèche en mon pécule,
Accepté ce rançonnement,
Pour m'assurer tout simplement
L'éternité du ridicule !

Tableaux de Bataille

Quand les hommes, enfin civilisés, seront
Des frères qu'on verra, joyeux, des fleurs au front,
Se réunir en des agapes innocentes ;
Lorsqu'on n'entendra plus les clameurs gémissantes
Des peuples écrasés par de noirs conquérants ;
Et qu'ayant vu la fin de tous les différends
Le monde entier sera peuplé de phalanstères,
Hélas ! que deviendront les peintres militaires,
Tous ces braves qui font leur fortune en peignant
Des gaillards très affreux sur un fond très saignant?
Que deviendront Le Blanc, Aublet, Detaille, Berne —
Bellecour, gens experts à peindre la giberne,
Le sabre, le fusil et les boutons d'habit ?
O changements profonds que le grand art subit !..
Quand on sera sorti des époques sanglantes,
On ne comprendra plus leurs toiles truculentes ;

Aux scènes de douceur les yeux habitués
Ne voudront plus de champs rougis, de gens tués,
Et les gens donneront, vieilles gloires flétries,
Pour le moindre Boucher toutes vos boucheries!

Habits de couleur

A ÉTIENNE GROSCLAUDE.

Qui pourrait dire où nous allons?
Tout s'effondre ou se régénère :
Un vent révolutionnaire
Passe aujourd'hui sur les salons !

On apprend une chose énorme :
Las de leur immobilité,
Les gens du monde ont décrété
Qu'ils feraient aussi leur réforme !

Et dans l'hôtel ou le manoir,
Partout souffle la grande Idée ;
Une révolte est décidée :
On va détrôner... l'habit noir !

« L'habit noir est triste et vulgaire !
Soyons comme un jardin fleuri !
Tous en clair ! » C'est le cri de guerre,
Je veux dire le dernier cri !

Comptez peu sur la réussite,
Fils des croisés. — Je vous le dis,
Il est douteux qu'on ressuscite
Les chatoiements du temps jadis !

Nous vieillissons, l'ennui nous gagne !
Ah ! lorsque l'on était certain
De s'éveiller un beau matin
Là-haut, dans un ciel de Cocagne ;

Quand l'Évangile suffisait
A nourrir les âmes croyantes,
L'espèce masculine osait
Arborer les couleurs voyantes.

Certe, ils avaient droit d'être vains,
Les beaux seigneurs en pourpoint crème ;
L'émotion des nymphes même
Inspirait des gilets divins.

Dieu se trouvant hors de conteste
Et le Paradis étant sûr,
Par un avant-goût de l'azur,
On se vêtait de bleu céleste.

On savait bien que du tombeau
Un jour plus pur devait éclore :
C'est pourquoi l'on se faisait beau ;
On avait des habits d'Aurore !..

Depuis que la réalité
A montré son visage austère,
Que les savants ont mis en terre
Les vieux rêves d'éternité,

Le sexe laid a pris coutume
Hélas ! de s'enlaidir encor ;
Eût-on des coffres remplis d'or,
On n'en met plus sur son costume.

Le chic anglais, l'air empaillé,
Ont à bon droit la préférence :
Ce siècle de noir habillé
Porte le deuil de l'Espérance.

L'Invisible maîtresse

Tu vantes ta maîtresse en heureux possesseur.
C'est vrai, son fin profil est celui d'un camée;
Elle est des marbres grecs la copie animée
Et toutes les Vénus la proclament leur sœur...

Beau mérite d'aimer une forme parfaite,
Une grâce tangible, un chef-d'œuvre existant!
Le premier sot venu pourrait en faire autant :
L'imagination n'est pour rien dans la fête.

Et jamais ton amour n'est exempt de souci!
D'autres yeux que les tiens, te volant au passage,
Emportent le reflet de ce divin visage :
Si tu fais des jaloux, ne l'es-tu pas aussi?

Pour trouver une femme à toutes préférable,
Le poëte n'a pas besoin de la beauté;
Pour lui le beau n'est pas dans la réalité;
Il en porte en son cœur le type inaltérable.

Des traits, même incorrects, sur ce type calqués,
Si lointaine avec lui que soit leur ressemblance,
Suffisent au rêveur pour refaire en silence
Du Créateur distrait les ouvrages manqués.

Modelant à son gré dans l'argile vivante,
Tout peut être à ses yeux sujet d'enchantement,
Car sa maîtresse à lui, ce n'est aucunement
Cette femme qu'il a, mais celle qu'il invente.

Et lui, nul vain soupçon ne le peut obséder.
Les purs attraits de la créature qu'il aime
N'existent que pour lui, n'existant qu'en lui-même :
Il est seul à les voir, seul à les posséder !

Doyennes

Jeune homme, si quelque beauté
Qu'éclaire son dixième lustre,
Lorgne un soir de votre côté,
Ne la fuyez pas comme un rustre.

Ne détournez pas vos regards
Et retenez vos épigrammes.
On doit à l'âge des égards :
Faites l'amour aux vieilles femmes !

Point de stupide préjugé !
Leur âme, retour de Cythère,
Est meilleure, ayant voyagé,
Comme un vieux Bordeaux salutaire.

Les vieilles femmes ne sont pas
Ce qu'un vain peuple s'imagine :
Plus d'une maintient ses appas,
Et quelquefois sans Géorgine.

Quand la vogue est aux cheveux teints
En blond roux plus roux que nature,
Les blancs, les noirs et les châtains
Sont égaux devant la mixture.

Qu'importent quelques fausses dents,
Et les faux cheveux qu'on resserre,
Quand les baisers sont bien ardents
Et quand le cœur est bien sincère ?

Laissez-vous donc idolâtrer !
Et, sans parler des codicilles
Où votre nom doit figurer,
Avec ces maîtresses dociles

Vous satisferez votre goût
D'insupportable tyrannie :
Jamais vous ne viendrez à bout
De leur patience infinie !

Nul amour-propre ne défend
Ces amoureuses en salpêtre !
Elles vous diront : « Mon enfant ! »
Car en effet vous pourriez l'être ;

Et, par leur vieux philtre enivré,
A leur étreinte maternelle
Vous trouverez un goût poivré
De volupté très criminelle.

Anesthétique

Femme, que l'on te nomme ange ou magicienne,
La nature te tient comme nous sous ses lois.
Car songe à quels nombreux, à quels tristes emplois
Tu condamnes ta main, ta main patricienne !

Ta bouche, très petite, est d'un dessin charmant;
C'est un jardin de corail rose où l'amour glane.
Mais qu'est-ce qu'une bouche, à vrai dire? — Un organe
Qui donne le baiser, mais mâche l'aliment.

Et ta gorge est taillée en un marbre flexible.
Mais ils ne sont pas là, ces globes radieux,
Seulement pour la montre et le plaisir des yeux :
Je redoute pour eux l'allaitement possible.

Donc tes attraits n'ont rien d'où tirer vanité :
Belle pour le commun, aux yeux du pur esthète
Tu ne mérites pas la divine épithète
Puisque l'utile en toi se mêle à la Beauté !

Hôtel Drouot

Ventes après départ, ventes après décès !
Vous entrez à grand peine, — et l'eau vous vient aux lèvres
Devant les Delft ventrus, les Saxe aux formes mièvres
Allons ! Poussez l'enchère et videz vos goussets !

Achetez ! Achetez ! — Mais croyez sans excès
A l'authenticité des Rouen et des Sèvres ;
Cherchez sur les bijoux le poinçon des orfèvres ;
Sachez que les Corot sont pères des procès.

Surtout, ayez des sels anglais ! La grande affaire
C'est d'abord de pouvoir supporter l'atmosphère
Qui vous prend à la gorge au bas de l'escalier :

Innommable senteur, parfum particulier
Aux brocanteurs maudits des amateurs candides,
Produit des corps crasseux et des âmes sordides

Quête

« **Avez vous** bien dîné, monsieur l'auteur ? — Fort bien !
— Donc, payez votre écot. Est-ce votre coutume ?
— Oui, madame ! — Voici l'album, l'encre, la plume :
Pour écrire un sonnet, il ne vous manque rien !

— Qu'une inspiration !... Vous me donnez combien
De temps pour que mon feu poétique s'allume ?
— Un quart d'heure ! — Tout comme Oronte ? Je présume
Que mon sonnet vaudra juste autant que le sien ! »

Et voici que, le front dans la main, l'on médite,
Cherchant un trait final d'apparence inédite :
Si l'on pouvait très vite et sans bruit s'esquiver !

Car enfin, est-il chose au monde plus piteuse,
Quand devant vous s'arrête une blonde quêteuse,
Que de tirer sa bourse et de n'y rien trouver ?

Pruderie

Vous prenez l'air effarouché,
Madame ! Sans que j'y consente,
Mon langage a-t-il donc péché
Par quelque audace embarrassante ?

Non, ma phrase était fort décente.
Vous découvrez un sens caché
Dans une parole innocente :
C'est pour vous que j'en suis fâché.

Car vous vous êtes dénoncée :
Oui, le fond de votre pensée
Est formé d'un limon impur,

Celui de ces âmes malsaines,
Qui trouvent des dessins obscènes
Dans les nuages de l'azur !

Intacta virgo

C'est l'heure du travail : la table, l'encrier
Me font signe. C'est bien !... En vaillant ouvrier
Je vais, sans lâcher pied, me battre avec ma tâche.
Porte close, — et tant pis pour l'ami qui s'en fâche !
Comme un drap où coucher l'ouvrage nouveau-né,
J'étale devant moi le papier satiné ;
J'ai bon feu, bon espoir : achevons mon volume.
— Quel scrupule me prend ? — C'est étrange ! — Ma plume
Reste en l'air. — Me voilà tout pensif, regardant
Le feuillet qui m'allait servir de confident.
C'est qu'il est vierge encor !... Ma main s'est recu
Au moment d'en flétrir la neige immaculée.
L'encre, c'est le péché ! Même pour le talent,
Écrire, c'est salir ; car sur le papier blanc,
Quand son aile a trempé dans le sombre écritoire,
La plus blanche pensée est une tache noire.

Le gros mot

J'étais au coin du feu : j'attendais une idée
De pièce, de roman, ou de nouvelle. — Rien !
Décidément, j'avais la cervelle vidée
Et je bâillais jusqu'aux oreilles, comme un chien.

Il fallait secouer cet état léthargique !
Me redressant, à pleins poumons, à pleine voix,
Je lançai brusquement un mot très énergique
Qui n'a jamais été sublime qu'une fois.

Aussitôt, près de moi, j'entendis un bruit d'aile.
Je regardai : c'était ma Muse qui fuyait !
Car elle était venue, amoureuse et fidèle,
En dépit du retard dont j'étais inquiet.

Mais lorsque la parole horrible était sortie
De la bouche où la sienne était pour se poser,
Le dégoût l'avait prise, et, quittant la partie,
La Muse dans le ciel remportait son baiser.

Le Savetier et le Financier

(Suite)

Lorsque le savetier se sentit de l'argent
Plein la poche, il se dit : « Soyons intelligent !
De millions ces cent écus seront la source :
Plus de coups de marteau! Vivent les coups de Bourse ! »
Mons Grégoire, madré comme un fils de Sion,
Entame et réussit une opération,
Suit la cote, agiote, tripote, a de la chance,
Et bientôt le voilà nageant dans l'opulence :
Seul son langage encor garde le goût du cuir.
Mais là-dessus, sommeil et chansons de s'enfuir.
En ouvrant le journal matin et soir, il tremble :
Que le Russe et l'Anglais se chamaillent ensemble;
Qu'il pousse sur le sol d'Espagne un prétendant;
Qu'à la Chambre quelqu'un soulève un incident;
Tout, depuis son départ pour la Californie,
A l'ancien savetier cause de l'insomnie.

Or, ayant du voisin fait taire la fanfare,
Le financier, lui, dort à merveille. — Il répare
Le temps perdu, ronflant la nuit, le jour, partout,
Au lit, à table, assis et même tout debout.
Mais en se complaisant à faire la marmotte,
Son esprit s'obscurcit : un confrère escamote
Un emprunt très fictif que notre publicain
Allait lancer au nom d'un négus africain ;
Son caissier, un jeune homme aimé des demoiselles,
Après avoir ouvert la caisse, ouvre ses ailes ;
Si bien que, ruiné, tous ses troupeaux tondus,
Ne sachant où donner de la tête, notre homme
S'en vient trouver Grégoire et, d'un ton très confus :
» Reprenez, lui dit-il, vos chants et votre somme,
      Et rendez-moi mes cent écus ! »

Élections municipales

C'est jour d'élections ! D'où grande effervescence
Dans ce pays, séjour de paix et d'innocence.
Il s'agit de nommer trois conseillers nouveaux.
Les cafés font beaucoup d'affaires, les rivaux
Payant aux électeurs d'innombrables tournées ;
Les murailles, selon l'usage, sont ornées
D'affiches : on a mis sur les dents les colleurs,
Et le public en voit de toutes les couleurs.
Injures, coups de poing, enfin l'état de guerre.
« Chauvet, le gros fermier, est un brigand : naguère
Il a fait un enfant à sa servante ; puis
Il a jeté, dit-on, le gosse dans un puits.
Pas de preuves ? Cela prouve qu'il est ficelle,
Voilà tout !... Pour Branchu, l'épicier, il recèle
Un tas d'objets volés qu'on lui laisse à bas prix
Et c'est un grand chanceux de n'être jamais pris !..
Fessard est un ivrogne !.. En public, il n'achète
Jamais un sou de fine : il a donc sa cachette !

10

Il n'invite personne : il boit tout seul, le gueux ! »
Et c'est ce qui lui vaut des ennemis fougueux. »
— Bref, il appert des bruits qu'on s'acharne à répandre,
Que les trois candidats sont des hommes à pendre,
Du gibier d'échafaud, des gredins consommés....

Le soir, Branchu, Fessard et Chauvet sont nommés.

Misère

A Mademoiselle Marthe Brandès.

Le petit riche est malheureux !
Bonne anglaise ou bonne allemande,
Quelque pion malencontreux
Est toujours là qui le gourmande.

Si ses jambes et ses poumons
Se veulent exercer à l'aise,
Aussitôt pleuvent les sermons
De l'Allemande ou de l'Anglaise,

Dans son terrible baragouin
Miss ou Fraulein fait le gendarme :
« Master Bob, n'allez pas si loin !...
« Master Bob, quel est ce vacarme ?

« Crier, c'est bon pour les gamins !
« Ne jouez pas avec la terre :
« Vous allez vous salir les mains ! »
Oh ! l'Allemagne ! Oh ! l'Angleterre !

Il suffit d'un seul cotillon
Plein de défenses chagrinantes
Pour haïr sur échantillon,
Ces deux pays de gouvernantes !

— Puis la mère a recommandé
Qu'on prît bien garde à son costume ;
Et, se sentant très regardé,
Bob à la pose s'accoutume.

Grave responsabilité,
Que de porter de belles choses !
Et de là l'immobilité
De ces petits hommes moroses.

Le cerceau n'est pas distingué ;
On trouve la toupie immonde,
— Et l'on a l'air très fatigué
Comme il sied à des gens du monde !

Oh ! non, quand on est si bien mis
Même avant l'âge où l'on épèle,
Impossible avec ses amis
D'échanger de grands coups de pelle.

On aurait peur d'avarier,
En livrant un combat sauvage,
Le *chef-d'œuvre d'un couturier :*
Le grand chic est un esclavage !

Et le grand chic, c'est d'être en bois !
Ces Messieurs, je puis en répondre
Sur la raideur de leur empois,
Savent qu'on ne « blanchit » qu'à Londre !

Voyant passer ces Pupazzi
Tout gonflés de leurs mauvais rôles,
Gavroche lance ses lazzi
Et moi je hausse les épaules.

— Mais ces travers dont ils sont pleins,
Après tout, sont-ils de leur faute ?
Ils me font rire et je les plains
Ces tristes mioches de la Haute !...

Vive l'enfant déshérité,
Le dépenaillé petit môme,
Grain au hasard des vents jeté
Qui germa sur un toit de chaume !

Celui-là n'a point aux talons
De surveillant mâle ou femelle ;
Comme il veut, par monts et vallons,
Il court avec ou sans semelle.

Cachant mal ce qu'on doit cacher,
Sa toilette est sans artifice :
S'il a besoin de se moucher,
Ses doigts sont là pour cet office ;

Jamais coiffeur ne promena
Son fer dans sa tignasse épaisse ;
Sa chemise, quand il en a,
Fait des crevés de toute espèce ;

Elle déborde sur son flanc ;
A chaque instant, sans qu'il complote,
Il arbore le drapeau blanc
Aux fenêtres de sa culotte !

Nul n'a greffé ce sauvageon,
Et sur sa face colorée
On n'a pas mis un badigeon
De politesse édulcorée :

Non, mais du moins ce moineau franc
A libre vie et large espace !...
De beaux habits et l'air souffrant ?
Si vous saviez comme on s'en passe !

Mieux vaut avec un bon luron
S'allonger de fortes torgnoles,
Dût-on serrer son ceinturon
Et n'avoir pas de croquignoles ;

Mieux vaut, quand on est tout petit,
Être un pierrot dans le bocage
Qu'oiseau-mouche sans appétit
Avec du sucre plein sa cage ;

Et poussant des cris triomphants,
Gaulant les noix, croquant des pommes,
Être d'abord de vrais enfants,
Pour être ensuite de vrais hommes !

Sur un mur

L'homme avait enjambé le mur du potager.
Je surgis... « L'entreprise est pleine de danger, »
Lui dis-je. — « Je comprends qu'on aime ma salade ;
Mais, diable, songez-y ! — Vol avec escalade,
C'est grave ! — Je vous prends à cheval sur mon mur :
Outre que vous pouviez vous casser un fémur,
J'ai droit de vous coffrer... C'est tout ce que rapporte
La maraude. — Il fallait venir jusqu'à ma porte
Et frapper : on vous eût octroyé quelques sous,
De quoi vous acheter des navets et des choux.
Les voler, c'est risquer plus que cela ne coûte. »
Mais lui, se redressant : « Qu'on me paye une goutte,
L'attention n'est pas pour me désobliger.
Mais je n'accepte pas qu'on me donne à manger,
Et je suis assez grand pour prendre ma pitance
Chez vous, sans requérir, monsieur, votre assistance !
Tendre la main ?... Malheur ! — C'est bon pour un clampin,
D'aller chez les bourgeois ventrus quêter du pain.
Mais moi, j'ai ma fierté ! — Je méprise la clique
Qui s'engraisse en trayant la charité publique.

Je suis un chapardeur et non un mendiant;
Et je ne me vois pas du tout psalmodiant
Des lamentations à la porte d'un riche.
Lorsque de vos lapins je m'offre une bourriche,
Cher monsieur, c'est toujours sans vous le demander. —
Maintenant, vous pouvez me faire appréhender
Au col ! — Mais je me moque un peu de votre estime.
Je vole pour voler, pour mon plaisir intime,
Parce que cette vie en somme a sa douceur,
Où le gibier s'amuse autant que le chasseur.
On me traque ; mais j'ai des tours plein ma besace
Pour le garde-champêtre et pour le garde-chasse.
Quand les hommes à plaque arrivent, haletants,
Neuf fois sur dix, je suis terré. — Ça va longtemps ;
Et puis on est pincé, — ce qui manque de charme.
Mais je ne me plains pas : le risque du gendarme,
C'est ça qui justement relève le métier !
Pour sûr, je crèverais dans la peau d'un rentier,
A traîner une vie heureuse où rien n'arrive !
Il faut que mon bateau s'en aille à la dérive :
Si je sais où je vais diner, je n'ai plus faim...
Quant à voir Nouméa, si je le vois enfin,
C'est un voyage, ça, pas une catastrophe ! »

Je ris et je laissai filer ce philosophe.

Réveillon

Mon bon monsieur, un petit sou !
Pour vous, ça n'est pas une somme.
Il gèle pire qu'à Moscou :
Mon bon monsieur un petit sou !
Je suis sans ouvrage ; mon homme
Est parti pour je ne sais où...
Mon bon monsieur, un petit sou !
Pour vous, ça n'est pas une somme.

Je sais bien, c'est très ennuyeux
De tirer ses mains de ses poches.
Par ce froid qui pique les yeux,
Je sais bien, c'est très ennuyeux.
Mais d'entendre crier ses mioches,
C'est ça qui rend audacieux !
Je sais bien, c'est très ennuyeux
De tirer ses mains de ses poches.

C'est aujourd'hui le Réveillon
Et tout le monde fait ripaille.
Entendez-vous le carillon ?
C'est aujourd'hui le Réveillon.
Avant de dormir sur la paille,
Ça serait bon, un bon bouillon !
C'est aujourd'hui le Réveillon
Et tout le monde fait ripaille.

Si vous manquez de petit sou,
Allez-y de la pièce blanche.
C'est Noël ! Soyez pas grigou,
Si vous manquez de petit sou ! »
— « Voulez-vous bien lâcher ma manche,
Ou je vous fais fourrer au clou !
Non, je n'ai pas de petit sou
Et je garde ma pièce blanche ! »

Et l'homme entra dans un café
Brillant de lumières sans nombre.
Ça sentait le perdreau truffé...
Et l'homme entra dans un café.
La femme s'enfonça dans l'ombre
Avec un soupir étouffé !..
Et l'homme entra dans un café
Brillant de lumières sans nombre.

Départ

. . . .

Je vis l'inconnu prendre une arme dans sa poche.
Mais, avant qu'il se fût douté de mon approche,
J'avais saisi sa main avec autorité.
Alors, me regardant : « Est-ce par charité,
Dit-il, que vous venez me déranger ? — La vie
Peut vous paraitre à vous, rentier digne d'envie,
Un trésor que l'on doit lentement dépenser.
Mais sur ce point, je n'ai nul motif de penser
Comme vous ! — Mon banquier est en grandes vacances
A Bruxelles. — Je suis sans le sou. — Conséquences :
Ma maison désormais va manquer d'agrément ;
Ma femme l'a compris et, fort allégrement,
Elle m'a planté là ce matin. — C'est stupide,
Je l'adorais !... Depuis qu'elle a pris le rapide,
Je tâche à recouvrer mon sang-froid. — Vainement !
Je demeure écrasé par cet événement.
J'ai tout perdu, l'argent et l'amour ! — L'anecdote
Est banale ?... Ce mot n'est pas un antidote :

Ce qui m'arrive, à moi, ne m'est pas moins cruel
Pour être au pauvre genre humain habituel.
Donc, je souffre ! — Je n'ai qu'à presser la détente
De ce bull, et voici que mon âme chantante
Va prendre son billet direct pour le ciel bleu.
Vous lui faites manquer le train ! — Mais, sacrebleu,
Vaut-il pas mieux qu'un peu de poudre me délivre,
Que ramasser des bouts de cigares pour vivre,
Avec chance, qui sait? de rencontrer un soir
Ma femme en falbalas, arpentant le trottoir
Et faisant aux messieurs bien mis l'œil en coulisse,
En tâchant d'éviter celui de la police?
Faut-il crever un peu chaque jour, en songeant
A tout ce bonheur mort d'une fuite d'argent ;
Pleurer, jeuner, maigrir ; — ou bien, sous cette arcade,
Disparaître d'un coup, pif ! paf ! passez muscade ?
Répondez maintenant, après mûr examen ! »

— Je ne répondis pas, mais je lâchai sa main.

Toussaint

Aujourd'hui que tous les chemins
Aboutissent, non pas à Rome,
Mais aux bosquets où les humains
Vont tous dormir leur dernier somme ;

Que c'est là-haut, au cimetière,
Jour de grande réception,
Et que la ville tout entière
S'y dirige en procession ;

Qu'une incessante multitude
Vient battre de ses flots mouvants
Le rocher de la solitude,
Et qu'il est là trop de vivants ;

Que cette engeance moutonnière,
A jour fixe ayant des regrets,
L'immortelle à la boutonnière,
Mène grand bruit sous les cyprès ;

Qu'on adosse à la cité morte
(Il faut bien nourrir son chagrin),
Des cuisines de toute sorte
A l'usage du pèlerin ;

Qu'on y vend force limonade,
Que force viande s'y rôtit,
Car une longue promenade
Ouvre la soif et l'appétit :

O mes chers morts, moi, je m'insurge,
Et j'attendrai des temps meilleurs,
La fin des brebis de Panurge,
Pour vous porter mes tristes fleurs.

Ma douleur veut rester secrète :
Pour aller là-bas, à mon jour,
J'attendrai seul, dans la retraite,
Que la foule en soit de retour ;

J'attendrai la fin de la foire
Pour aller me mettre à genoux,
Et que l'on ait cessé de boire
Et de manger autour de vous.

Amis, j'attendrai que s'éteigne
Le grand bruit de ce grand remous
Et qu'une paix profonde règne
Sur la terre comme au-dessous,

Pour vous parler d'une voix tendre,
Et que, dans l'air silencieux,
Tous les trois vous puissiez entendre
Tomber les larmes de mes yeux.

La Glace

A quarante ans ou peu s'en faut
(Qu'ici plus d'un se reconnaisse),
J'avais le très commun défaut
De croire encore à ma jeunesse.

Ennemi des graves pensers,
Je m'en allais à l'aventure,
Sans passer aucune écriture
De mes jours gaîment dépensés.

Mais voici qu'au coin d'une rue,
Tout à l'heure, en levant les yeux,
Ma figure m'est apparue
Dans une glace. — Ah !... Je suis vieux !

Je suis vieux sans erreur possible !
Le temps a fait sournoisement
Sur moi son travail insensible :
Quels ravins, quel déboisement !

Comment ! C'est moi, ce personnage
A l'œil cave, au front dégarni ?
De quel jour date le carnage,
Et depuis quand suis-je fini ?

L'hiver est-il venu d'emblée,
Sans aucuns signes précurseurs ?
A-t-il suffi d'une gelée
Pour tuer mes dernières fleurs ?

Non, la vieillesse inévitable
Chaque jour avait fait un pas ;
Mais, comme un ami charitable,
Mon miroir ne m'en parlait pas.

Ce miroir où je fais l'étude
De ma cravate à mon réveil,
Me renvoyait, par habitude,
Un visage toujours pareil.

Et cela depuis tant d'années !
Je m'y regardais sans m'y voir,
Et mes grâces se sont fanées
Sans qu'il m'en fit apercevoir !

Mais elle, la glace inconnue,
Pour qui je suis un étranger,
M'a montré la vérité nue
Sans avoir peur de m'affliger.

De me bien connaître moi-même
Me fournissant l'occasion,
Elle a porté le coup suprême
A ma suprême illusion...

Ah ! glace sans miséricorde !
Tous mes beaux jours sont révolus :
Quelques sourires qu'on m'accorde,
Personne ne m'aimera plus !..

Dernier vœu

Quand la mort me viendra saisir
Dans ses griffes d'huissier rapace,
Oh ! je ne voudrais pas moisir
Dans un tombeau : j'aime l'espace!

Qu'on m'épargne l'étroit linceul,
De m'en aller miettes par miettes,
Et surtout d'être toujours seul
En d'éternelles oubliettes.

Pas de silence, pas de nuit !
Pour mon cadavre, je réclame
Encor du jour, encor du bruit,
Après son divorce avec l'âme.

Même figé par le trépas,
Je veux être encor de ce monde !..
Amis, je ne gênerai pas :
On râclera ma chair immonde

Un squelette ne sentant rien
Sinon parfois un peu la colle,
Vous ferez accrocher le mien
Sur la muraille d'une école ;

Et la carcasse d'un oisif
Peut-être aura ceci pour elle
De servir à l'esprit pensif,
Épris d'histoire naturelle...

Dès lors, dans les siècles suivants,
Pour ma dépouille imputrescible,
La société des vivants
Sera chose toujours possible.

Ces vivants, groupe coloré,
De moi se moqueront peut-être :
Immuable, je les verrai
Grandir, décroître et disparaître ;

Et pendant une éternité,
Moi, Mathusalem véritable,
Je baignerai dans la clarté
Avec un rire épouvantable !..

MAJORA CANAMUS...

L'Invocation

A Madame la comtesse de Rancy

Moïse avait conduit en guerre les Hébreux.
Un jour que le combat allait tourner contre eux
Et que, leur refusant son aide accoutumée,
Le ciel semblait propice au peuple d'Idumée,
Moïse, en ce péril de ses tribus, leva
Ses mains de suppliant vers l'âpre Jéhovah ;
Et, prenant en pitié ce serviteur unique,
Jéhovah d'Israël arrêta la panique :
Le courage revint aux plus épouvantés.
Or, comme l'ennemi pliait de tous côtés,
Moïse, n'ayant plus motif d'inquiétude,
Laissa tomber ses bras rompus de lassitude :
Aussitôt, sous les yeux de son chef indigné,
Israël reperdit tout le terrain gagné.
Moïse alors comprit que seule sa constance
A prier fixerait la divine assistance,

Et qu'il devait rester jusqu'au dernier assaut
A genoux et les bras levés vers le Très-Haut.
A ce prix, il avait la victoire assurée.
Mais la lutte pouvait avoir longue durée,
Et, craignant de faiblir, comme deux points d'appui,
Il fit mettre Aaron et Hur auprès de lui ;
Et chacun d'eux soutint un des bras du prophète
Jusqu'à ce qu'emporté, broyé par la défaite,
L'ennemi qui fuyait en criant : « Trahison ! »
Ne fût plus qu'un peu de poussière à l'horizon...

. . . .

O Jésus, quand voyant les pécheurs que nous sommes,
Tu vins sauver, non pas les Juifs, mais tous les hommes,
Comme autrefois Moïse en un danger pressant,
Tu tendis tes deux mains vers le ciel menaçant.
Tu savais la puissance auguste de ce geste
Et que par lui le cœur de ton Père céleste,
Quels que soient les bourbiers où nous nous attardons,
Penchait à l'indulgence et s'ouvrait aux pardons ;
Mais, dans ton dévouement, de toi-même prodigue,
Pour que tes bras levés, vainqueurs de la fatigue,
Pendant l'éternité demeurassent tout droits,
Tu te les fis clouer sur l'arbre de la croix !...

L'OMBRE GERMAINE

I

Relent

(1885)

Depuis plus de vingt ans, depuis les grands revers,
Depuis que de Strasbourg et de Metz dans les fers
    Un crêpe voile les statues,
Au vieux pays gaulois où, comme un messager
De fête, leur chant clair montait dans l'air léger,
    Les alouettes se sont tues.

Ce n'était rien que tant de butin emporté ;
On allait réparer ce qu'avait dévasté
    Le passage de l'avalanche ;
Nos pendules avaient toutes franchi le Rhin :
De plus neuves sauraient de leur timbre d'airain
    Aussi bien sonner la revanche.

Cinq milliards ! Le chiffre était pour effrayer !
Cependant on pouvait, on a pu les payer ;
      Et vous, captives qu'on maltraite,
Vous fûtes la rançon de la fatalité !
Mais nous gardions sans vous notre vitalité :
      Même on dit que la France est prête.

D'où vient que sur nos fronts une ombre reste encor ?
Dans nos champs le blé mûr épand ses nappes d'or ;
      Notre existence continue ;
On s'est remis à l'œuvre, et, le travail aidant,
Voici qu'on est très riche et très fort. — Cependant
      La gaieté n'est pas revenue.

Les Teutons sont partis. Pourtant même aujourd'hui
Il reste derrière eux je ne sais quel ennui
      Dans nos âmes découragées,
Pareil à ce relent de vieilles salaisons
Qui s'imprégnait aux murs dans toutes les maisons
      Où leurs bandes s'étaient logées !

II

Incidents

(1887)

Nous sommes devenus plus sages que nos pères ;
Calmes et patients comme de petits saints,
Les soufflets maintenant nous arrivent par paires :
Nous avons découvert qu'ils ne sont pas malsains.

Nous trouvons qu'il est beau d'être gras et prospères,
Et qu'on peut, déjouant ainsi leurs noirs desseins,
Laisser hurler les loups et siffler les vipères,
Sans courir aux fusils et sonner les buccins.

A tant d'humilité fallait-il que tu vinsses,
O France ! On t'a volé bien plus que deux provinces,
A Francfort : on t'a pris la fierté de ton cœur !

Ta longanimité, c'est l'horreur de la lutte,
La crainte des hasards, le respect du vainqueur,
Et c'est à tes vertus qu'on mesure ta chute !

III

Petits fusils, petits soldats

Petits soldats, quand vous passez,
Subitement mon cœur se serre !
Car je pense au choc nécessaire,
Petits soldats, quand vous passez ;
Je pense à nos frères blessés
Que l'ennemi tient dans sa serre!...
Petits soldats quand vous passez
Subitement mon cœur se serre !

J'ai vu les reîtres allemands :
Ils vous dépassent de la tête.
De beaux géants, l'air un peu bête...
J'ai vu les reîtres allemands.
Et puis, là-bas, quels mouvements !
La mécanique est plus parfaite.
J'ai vu les reîtres allemands :
Ils vous dépassent de la tête.

Vous semblez encor des enfants
Peu mûrs pour les luttes épiques.
Et quels fusils microscopiques !
Vous semblez encor des enfants.
Nous reviendrez-vous triomphants
Des longs hulans aux longues piques?
Vous semblez encor des enfants
Peu mûrs pour les luttes épiques.

Petits soldats, vous grandirez
Au jour de la grande bataille !
Que maintenant Goliath vous raille :
Petits soldats, vous grandirez !
Les Teutons sont démesurés :
Avec eux vous serez de taille.
Petits soldats vous grandirez
Au jour de la grande bataille !

Comme David vous frapperez
Au bon endroit la haute cible !
Vous ferez la chose impossible :
Comme David vous frapperez !
Vos coups iront où vous voudrez :
Vous avez la fronde invincible !
Comme David vous frapperez
Au bon endroit la haute cible !

Et cependant, quand vous passez,
Subitement mon cœur se serre !
Car je pense au choc nécessaire,
Petits soldats, quand vous passez !...
Je pense à nos frères blessés
Que l'ennemi tient dans sa serre...
Et c'est pourquoi mon cœur se serre,
Petits soldats, quand vous passez.

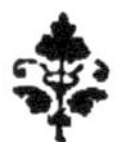

IV

La cloche de Cologne

Voici ce qu'avait dit l'empereur germanique :
« Je suis vainqueur ! Il faut à ce triomphe unique,
Par lequel l'Allemagne a prouvé son réveil,
Dresser un monument qui n'ait point son pareil
Et je veux qu'une voix par nulle autre étouffée,
Un formidable cri sorte de ce trophée.
Telle est ma volonté !... Bonaparte jadis,
Traînant à ses talons sa meute de bandits
Qui passait sur l'Europe ainsi qu'une rafale,
A fait une colonne énorme et triomphale
Avec les noirs canons que de sa large main
Il moissonnait dans les charniers du genre humain.
Mais sa pensée était par un autre guidée ;
Et Trajan le premier avait eu cette idée
De faire tout autour d'un marbre glorieux
Sculpter ses légions en marche vers les cieux.

12

Je ne plagierai pas la colonne Vendôme ;
Mais je ferai couler, Cologne, pour ton dôme
Auquel sur tous nos champs de gloire je pensais,
Une cloche allemande avec l'airain français.
Emblème de l'Empire immense que je fonde,
Cette cloche sera la plus lourde du monde.
On aura le vertige à regarder au fond ;
Et le son en sera si fort bien que profond,
Qu'on l'entendra là-bas, par-dessus la frontière !...
A l'œuvre, maintenant ! — Je fournis la matière,
Les canons de Sedan, de Metz et de Paris.
Mes arsenaux ne sont pas près d'être taris :
Puisez à pleines mains !... Mais pour que je contemple
De mon vivant la cloche en place dans son temple,
Que tout soit bientôt fait, — car j'ai beaucoup vécu !... »

On obéit. — On prit dans le bronze vaincu :
Nos canons prisonniers acceptèrent l'épreuve.
Vingt-huit mille kilos de métal, tout un fleuve,
Coulèrent dans le moule ; et quand tout fut durci,
Le fondeur, exultant, cria : « J'ai réussi ! »
On baptisa dans la forme canoniale
La cloche, qui reçut le nom d'Impériale ;
Puis on monta l'oiseau monstrueux dans son nid,
Tout près du ciel, en haut d'une tour de granit.

— Et le bronze français se laissa faire encore.

L'œuvre était gigantesque : était-elle sonore ?
Or, un matin, devant les peuples assemblés,
Trente hommes vigoureux, sur la corde attelés,
Mirent enfin la lourde masse en mouvement.
Le heurtoir vint frapper la paroi brusquement !..
Pas un son ne sortit !... Aucune tentative
Ne fit de nos canons parler l'âme captive !
A chaque impulsion, le battant remuait ;
Mais, farouche, l'airain resta toujours muet !...

  Oh ! tais-toi, cloche généreuse !
  En ta cellule ténébreuse,
  Un jour nous irons te chercher ;
  Et, jusques à toi nous hissant,
  Nous saurons, d'un effort puissant,
  Te jeter bas de ce clocher !

  O cloche, en arrivant à terre,
  Tu te briseras comme verre :
  Nous saluerons tes derniers bonds
  D'une clameur victorieuse ;
  Et bientôt tu seras joyeuse,
  Car tous tes morceaux seront bons !

Nous en ferons comme naguère
De nobles instruments de guerre ;
Et, redevenus des canons,
Ils cracheront poudre et mitraille
A tout ce monde qui nous raille
Et qui croit que nous déclinons.

Libre du joug qui déshonore,
Oui, tu redeviendras sonore,
Bronze auguste, aujourd'hui sans voix ;
Et, sorti de ta nécropole,
Tu retrouveras la parole
Avec ta forme d'autrefois !..

Politesse d'incrédule

Si ce n'est le Hasard, le Hasard insensible,
Quel peut être l'auteur de ce globe manqué?
Un être intelligent et libre? — Est-ce possible?
Il eût donc fait le mal sans être provoqué?

Et la race d'Adam, innocente victime,
Vers le firmament sourd levant ses poings meurtris,
A ce dur Créateur conscient de son crime,
Aurait droit de crier sa haine et son mépris!

Faire des malheureux sans motif qu'on devine,
Pour rien, ou pour distraire un instant son ennui?
Cette hypothèse insulte à la grandeur divine :
C'est par respect pour Dieu qu'on ne croit plus en lui!

Création

Tu voudrais découvrir le sens de l'Univers.
Tu feuillettes beaucoup de livres ; prose ou vers,
Poètes et savants, tu lis tout avec rage.
Les contradictions te font perdre courage :
Tu t'aperçois hélas ! que tous les mots sont vains !
Les explications des plus profonds devins
Sont des vagissements d'enfant à la mamelle
Devant le monstrueux chaos, le pêle-mêle
De sons et de couleurs, d'ombres et de rayons,
Où tous, plante, animal, homme, nous tournoyons.
Tu veux y découvrir un sens ?... Effort risible !
Dans cette cuve en flamme aucun plan n'est visible ;
Tout y remue et s'y transforme incessamment :
Mais n'est-ce pas la loi de tout bouillonnement ?
Un peu d'écume monte un jour à la surface :
C'est un monde qui naît, qui grandit et s'efface
Sans que même un instant la masse en fusion
Ait pris souci de l'éphémère éclosion.

Élément sans valeur pris dans la pâte ignée,
L'humanité doit vivre et mourir, résignée
A ne jamais savoir hélas ! quelle chose est
En préparation dans l'immense creuset ;
Quel est le but de la formidable mixture ;
Quel Palissy, penché sur elle, la triture,
En activant la flamme au vent de son soufflet :
Jusqu'au jour où trouvant son ouvrage complet
Et que c'est le dernier terme de la genèse,
Il laissera tomber le feu de la fournaise
Et sortira du moule, ouvert d'un coup de poing,
Une création parfaite et cuite à point !

Mouture

Je serais mieux sur l'oreiller !
Tic, tac ! Je ne fais rien qui vaille.
Tic, tac ! L'horloge qui travaille
M'empêche, moi, de travailler.

Tic, tac ! A chaque tour de roue
C'est, sans retour et sans arrêt,
Un peu de moi qui disparaît :
Jamais le Temps ne s'amadoue.

Il prend tout, nobles et vilains,
Ce meunier que rien ne dérange !
Nous sommes des grains dans sa grange ;
Les horloges sont ses moulins.

Jamais la meule ne dévie,
Que les grains soient légers ou lourds :
Tic, tac, elle tourne toujours
Et pulvérise notre vie !..

Feuilles tombées

C'est à peine, l'été, si le feuillage ondule :
Sur sa verte épaisseur la brise vient mourir.
Le regard, bien qu'un flot de lumière circule,
A travers ce rideau ne peut rien découvrir.

Mais arrivent bientôt les longs mois de froidure ;
Si le soleil pâlit dans le ciel attristé
La bise a déchiré le voile de verdure,
Et voici devant nous l'espace illimité !

...Lorsque vient l'âge mûr, l'illusion charmante
Tombe comme la feuille en l'arrière saison ;
Mais le champ que la vue embrasse s'en augmente :
On a moins de bonheur, on a plus d'horizon.

Sur une fresque d'Orcagna

Malgré le ciel qu'hier l'amour te révéla,
Jeune homme, ne ris pas car la vieillesse est proche ;
Vieillard, fusses-tu sans reproche,
Ne ris pas, car la mort est là.

Inertie

Voilà que j'ai passé l'âge où j'aurais dû prendre
Une route quelconque et marcher en avant ;
Et je sais que l'on court grand risque, à trop attendre,
D'avoir les os qu'on laisse au dernier arrivant.

Mes compagnons d'enfance ont tous mis voile au vent ;
Longtemps ils m'ont hélé, ne pouvant pas comprendre
Pourquoi je restais seul, immobile et rêvant...
Déjà leur voix s'éloigne et se fait moins entendre.

Hélas ! rien ici-bas ne me semble valoir
Qu'on prenne le souci d'agir ou de vouloir :
Amis, voilà pourquoi je ne suis pas des vôtres.

A tout nouvel effort pour vaincre ma langueur,
Je sens plus lourdement retomber sur mon cœur
L'invincible dégoût de ce que font les autres.

L'Espoir

> « Mes sœurs, si nous recommencions. »
> Sully-Prudhomme. (*Danaïdes.*)

Le mieux, c'est le fléau des hommes ;
C'est pour lui qu'on va s'essoufflant ;
C'est l'aiguillon toujours au flanc
Des bêtes lasses que nous sommes.

N'était ce mot empoisonneur,
Endormis par l'accoutumance,
Qui de nous aurait la démence
De courir après le bonheur ?

Nos maux reconnus incurables,
Eh bien, on se résignerait.
Plus de vains efforts ! On serait
Tranquillement des misérables.

Nul ne tenterait d'opérer
Dans le train régulier des choses
D'impossibles métamorphoses.
Oui, le malheur, c'est d'espérer,

De prêter l'oreille aux chansons
Que devant notre tonneau vide
Chante la jeune Danaïde,
Celle qui dit : « Recommençons ! »

Variable

Absent quinze longs jours, le Soleil reparait ;
Et toute l'eau qui goutte encor dans la forêt,
Toute celle qui tremble à la pointe des herbes
Scintille : diamants, perles, rubis superbes,
La Terre, pour fêter le retour de l'Époux
A de tous ses écrins tiré tous ses bijoux.
Et voici qu'une main invisible m'enlève
Le poids qui m'écrasait le cœur. — En cette trêve,
Je cesse d'exhaler des discours mécontents
Et, comme les oiseaux, je chante le beau temps.
Que les livres sont vains ! — Car n'est-il pas étrange
Que tout à coup ma vie intérieure change,
Passe du noir au rose ou réciproquement,
Pour un peu plus ou moins d'azur au firmament ?
Après cela, comment veut-on que je me fie
Aux dictames vantés de la philosophie ?
A quoi bon compulser d'innombrables auteurs,
Promener mon esprit sur les froides hauteurs.

Où l'on cueille, sous la conduite de Boëce,
Cette fleur de glacier qu'on nomme la Sagesse ?
Non, cette panacée est sur moi sans effet ;
Je suis faible et changeant, hélas ! Le temps qu'il fait,
Marque de ma gaité la ligne haute ou basse ;
Je vis à la merci du nuage qui passe :
Son ombre sur mon front descend jusqu'à mon cœur.
Et Platon, Kant, Leibnitz, Spinoza, tout le chœur
Des sages, les anciens, ceux du groupe moderne,
Devant qui le respect des hommes se prosterne,
Les païens, les chrétiens, les Grecs, les Allemands,
Ont beau m'avoir prêché que les pires tourments
Doivent laisser notre moral en équilibre :
Je vois distinctement que je ne suis pas libre ;
Que, fussent-ils d'accord, tous les docteurs fameux
Du Nord ou du Midi, les clairs et les brumeux,
Peuvent moins sur mon âme en vain réprimandée
Qu'un rayon de soleil ou qu'une simple ondée !

Duperie

Rien n'est solide ni durable :
Soit ! Je me fais pyrrhonien !...
Ne croire à rien, c'est n'avoir rien !
Plus fou, j'étais moins misérable.

Mieux vaut le cœur trop vulnérable
Que désséché comme le mien :
La défiance de tout bien,
Voilà le mal irréparable !

Ne rien saisir en se disant,
Que ce qu'on tient dans le présent,
Dans l'avenir doit disparaître :

Admirable raisonnement,
Qui me rend éternellement
Malheureux par la peur de l'être !

Expérience

Pour vous, jeunes gens, dont l'œil luit,
Les vérités gardent leurs voiles :
Elles sont comme les étoiles,
Qu'on ne voit pas avant la nuit.

Ce n'est qu'à l'heure où le soir tombe
Qu'elles s'allument dans les cieux :
On sait beaucoup quand on est vieux ;
On ne sait tout que dans la tombe.

Corbeaux

Dans les châteaux vêtus de lierre
Qui, par les hommes délaissés,
Jour par jour et pierre par pierre
Glissent dans l'herbe des fossés,

Les tours sont toujours haut plantées ;
Mais les créneaux, se crevassant,
Sont des mâchoires édentées
Qui ne mordent plus le passant ;

Et les murailles, entamées
Par les boulets et les autans,
N'abritent plus que des armées
D'oiseaux noirs aux cris attristants.

Ces oiseaux, toute la journée
Tournent autour de ces tombeaux,
Et plus elle est abandonnée,
Plus la ruine est aux corbeaux...

Nous aussi, comme ces décombres
Où le Temps fait son lent travail,
Chaque jour plus seuls et plus sombres,
Nous nous écroulons en détail.

Pas une joie, hélas! pas une,
Fragile amour, longue amitié,
Que la vieillesse ou l'infortune
Ne nous arrache sans pitié.

Or, en tombant, chacune d'elles
Laisse un grand vide au fond de nous;
Et, comme aux vieilles citadelles
Les corbeaux nichent dans les trous,

Ouvrant ses ailes de ténèbres,
Nous troublant de ses cris moqueurs,
La bande des pensers funèbres
Se loge aux brèches de nos cœurs!.....

Memento

Si tu te sens coupable et si ton âme est haute,
Tu ne tâcheras pas d'échapper au remords :
Tu porteras partout et jusque chez les morts
Le souvenir toujours vivace de ta faute.

En demander l'oubli, ce serait lâcheté !
Que t'importe la vaine indulgence des hommes ?
Absous, nous demeurons toujours ce que nous sommes :
Ce qui fut ne peut point ne pas avoir été.

La main même de Dieu sur ton front étendue
N'y saurait abolir la trace d'ici-bas,
Et tout-puissant qu'il est son pouvoir ne va pas
A te rendre jamais l'innocence perdue !...

Châtiment et récompense

J'habite la maison d'un philosophe ; il est
Bonhomme ; nous causons, et quelquefois il daigne,
Trouvant sur bien des points mon savoir incomplet,
M'initier à la morale qu'il enseigne.

L'autre semaine, à l'aube, on avait décollé
Un horrible assassin, sorte de bête immonde :
Ce drame avait, suivant l'usage, rassemblé
Force gens du meilleur et du plus mauvais monde.

L'Institut célébrait juste en ce même jour
La fête Montyon : les places faisaient prime.
La vertu, dont c'était l'après-midi le tour,
Attirait les badauds presqu'autant que le crime.

Et parmi les messieurs cravatés de satin
Qui tenaient bon sous l'éloquence académique,
Peut-être que plus d'un s'était levé matin
Pour voir du condamné la dernière mimique.

Le soir nous devisions du double événement;
Et mon docteur disait : « Que de lois téméraires !
Punir, récompenser ! Je cherche vainement
A fonder en raison ces actes arbitraires ?

Du haut de la morale et de ses purs sommets,
Le châtiment n'est plus qu'une absurde torture.
Tout être a ses instincts que la sombre nature
Incruste au fond du cœur et cela pour jamais !

Qu'ils soient mauvais ou bons, il faut les satisfaire :
Ils vous poussent au crime, on devient criminel.
Le tribunal aveugle auquel on vous défère
Ne modifiera pas le vice originel.

Il peut vous enlever la puissance de nuire,
Vous prendre votre vie ou votre liberté ;
Mais le germe natal, il ne peut le détruire :
C'est l'acte qu'il atteint et non la volonté.

L'assassin reste lui, même en place de Grève,
Non moins que le martyr à l'idéal divin,
Et le bourreau, qui fait sur lui tomber le glaive,
Le frappe injustement puisqu'il le frappe en vain !..

Pour monsieur Montyon, il avait tort ! — On pense,
Non content de punir largement les méchants,

Qu'on doit encourager aussi les bons penchants,
Qu'un beau trait a toujours droit à sa récompense.

Rien pour rien ! L'axiome est fort bon, professé
Par qui fait du négoce et non de la morale :
Un acte n'a pour moi sa valeur intégrale
Que si je n'y vois pas un but intéressé !

La vertu doit avoir, pour être véritable,
En soi sa propre fin, son unique paiement ;
Que ton hôte t'insulte en se levant de table,
Qu'importe, si tu l'as hébergé saintement !

Il a mangé ton pain près d'un grand feu qui flambe :
Bien ! Mais il doit pouvoir maintenant l'oublier.
Vouloir qu'en ton honneur il chante un dithyrambe,
C'est présenter ta note ainsi qu'un hôtelier ;

C'est montrer clairement quelle arrière-pensée
D'orgueil faisait s'ouvrir ton cœur et ton buffet ;
Ta conduite dès lors s'en trouve rabaissée :
Seule l'ingratitude ennoblit le bienfait !

Tout pour rien, tel est le principe tutélaire,
Et lorsqu'à la vertu qu'on prétend admirer
On veut grossièrement assigner un salaire,
On n'aboutit par là qu'à la déshonorer !..

Secours mutuel

Les grands fauves vont seuls. Une bête de proie,
Pour que son appétit librement se déploie,
Ne veut point sur ses pas traîner d'associés.
Mais les faibles, ceux-là dont les fiers carnassiers,
Dans les sables, dans les forêts, dans les prairies,
Ont partout de tout temps fait d'horribles tueries,
Les faibles vont toujours ensemble, par troupeaux.
Ils prennent en commun nourriture et repos ;
Et, des mêmes dangers sentant tous la menace,
De bien serrer les rangs ils ont l'instinct tenace.
Car le salut est là : ne pas se disperser ;
En sorte qu'ils ont pris coutume de penser
A tous leurs compagnons d'incessantes misères :
Ils se savent les uns aux autres nécessaires,
Et c'est ainsi que sur l'égoïsme dompté,
A fleuri dans le cœur des humbles la   onté.

L'Action

A Léon Bourgeois.

Je disais à ma conscience :
« Oui, j'ai fait vœu d'oisiveté;
Et j'ai pour moi l'autorité
De la raison, de la science!

Liquides, gaz et minéraux,
Vous pouvez analyser l'homme,
Voilà le détail et la somme
D'un oisif comme d'un héros.

L'Ame, richesse viagère,
Sans laisser même un reliquat,
Se dissipe avec l'agrégat :
Elle est la chose passagère.

Que la tombe vienne à s'ouvrir
Et l'Ame y descend tout entière :
L'Eternelle, c'est la Matière
Qui change, qui ne peut périr.

L'Ame, cherchez-en donc la trace
En fouillant dans le champ des morts !
Mais tous les éléments du corps
Sont là, dans la terre vorace !...

Un accident a combiné
Entre eux ces facteurs de mon être :
Comment ? Nul ne peut le connaître.
Ils se sont unis : je suis né.

Prisonniers dans le phénomène,
Chacun cherche de son côté
A reprendre sa liberté,
A sortir de la forme humaine.

Encore une heure, encore un pas,
Leur esclavage aura pris terme
Et le vase qui les renferme
Sera brisé par le trépas.

Les impérissables atomes
Qui furent moi quelques saisons,
Feront d'autres combinaisons,
Formeront de nouveaux fantômes :

Mais jamais leurs hymens confus
Ne pourront faire que revienne
La combinaison qui fut mienne
Ni le fantôme que je fus ;

Et, ma forme une fois perdue,
Les uns légers, les autres lourds,
Les atomes vivront toujours,
Dans le temps et dans l'étendue ;

Mais pour ma personnalité
Toute existence sera close
Et ce sera la même chose
Que si je n'eusse pas été !

Donc l'horizon se rapetisse,
Et désormais l'œil exercé
Voit clairement à quel fossé
S'en vont nos rêves de justice.

C'est pourquoi dormons sans remords !
Puisqu'aucun juge ne dispense
La peine ni la récompense,
Dès à présent faisons les morts !

Refusons la tâche inutile !
Jetons l'outil, croisons les bras,
Et ne prenons plus l'embarras
De labourer la terre hostile !

Gloire au vieux système indien :
De la sagesse il est le faîte !
Oui, la félicité parfaite,
C'est le repos quotidien.

Tout ce qui vit se laisse vivre ;
Partout règne le *farniente :*
Seule, la triste Humanité
S'encombre d'un devoir à suivre.

Travailler à se faire un nom,
Peiner, souffrir ? Pure démence !
Noyé dans la nature immense,
Qu'importe que j'agisse ou non ?

Le faible souffle qui m'anime
N'a nulle chance d'avenir ;
Au présent je dois me tenir
Et je n'y veux qu'un rôle infime.

Oh! non, point de vaste désir!
Gloire, fortune? Vain mirage!
On ne sauve dans le naufrage
Rien de ce qu'on a cru saisir !

Pour celui que la foule acclame
Le néant semble un déshonneur :
C'est un dogme de grand seigneur
Que l'immortalité de l'âme.

Restons petits ! Tenons-nous bien
A l'abri de l'apothéose :
Quand on ne fût que peu de chose,
Il est aisé de n'être rien !

J'ai fini de plaider ma cause!
Maintenant j'attends ton arrêt,
Conscience, juge secret
Dont la voix est souvent morose,

Mais qui jamais ne s'est vendu :
Pour me réfuter, me confondre,
As-tu quelque chose à répondre ? »
— Ma conscience a répondu :

.*.

« Oui, le néant est à la mode ;
Je le sais et je le comprends.
Fi des labeurs persévérants ;
Plus de morale, plus de code ;

Tous les caprices sont légaux ;
Si rien n'existe, rien n'importe :
Le bien, le mal, tous deux égaux
Passeront par la même porte !

Au Nirvâna retour complet !
C'est si commode ! — Et l'on s'engoue
De la vieille doctrine indoue
Mais sans comprendre ce qu'elle est.

Or, sais-tu pourquoi cette presse
Autour du ventre du Bouddha ?
C'est que le culte qu'il fonda
Semble celui de la Paresse.

Seule, la tienne t'a dicté
Ta honteuse philosophie ;
Et c'est pourquoi je me défie
De ton désespoir affecté.

Tu trouves simplement la vie
Plus difficile que la mort,
Et ta sagesse qui dévie
N'est que la haine de l'Effort.

Debout ! Si borné soit le nombre
Des jours qui te sont dévolus,
Quand viendrait demain le reflux
Qui doit te remporter dans l'ombre,

Aujourd'hui que tu vis, tu dois
Avoir peur de ton propre blâme :
Il faut faire œuvre de tes doigts,
Il faut faire œuvre de ton âme.

Plus tard tu te reposeras ;
Mais tu ne peux, sans être un lâche,
Jeter l'outil, croiser les bras,
Tant que tu n'as pas fait ta tâche...

« Inutile ! » Qui te l'a dit ?
Pour la science sérieuse,
Toujours l'horizon s'agrandit ;
Tout a sa fin mystérieuse !

Lève les yeux au firmament :
Regarde ! Un astre d'or y passe,
Inconscient du mouvement
Qui l'emporte à travers l'espace.

Jamais rien ne trouble son cours ;
Dans le champ des célestes voûtes,
La courbe qu'il suit tous les jours
Est donnée une fois pour toutes !

Comme cet astre machinal,
Notre humanité douloureuse,
Quel que soit son terme final,
A son orbite rigoureuse ;

Et depuis son premier matin,
Il lui faut, c'est l'arrêt suprême,
Suivre vers un but incertain
Une route toujours la même.

Ce sentier dès longtemps battu,
Deux points brillants le déterminent :
Ces deux phares qui l'illuminent
S'appellent Travail et Vertu.

C'est vérité d'expérience
Et dont témoignent hautement
L'universel consentement
Et notre intime conscience :

Tout n'est que honte et que chagrin
Pour qui s'écarte de la voie
Où le double phare flamboie
Devant les yeux du pèlerin !

Fils de l'antique race humaine,
Ne sois donc plus embarrassé :
Suis son chemin où qu'il te mène
Puisqu'il est nettement tracé ;

Et, vienne ou non quelque salaire,
Homme, tu sais quelle est ta loi :
Observe-la puisqu'elle est claire
Et sois grand sans savoir pourquoi ! »

Néo-croyants

A Paul Hervieux.

Des gens se sont levés qui, pleins de bon vouloir,
Se sont dit : « Il faut rendre à nos frères l'Espoir !
L'homme ne voit plus rien devant lui que la tombe ;
Il est triste ; la Foi lui manque ; il nous incombe
De renouveler l'air dans le monde assaini :
Débouchons tous les jours donnant sur l'Infini ! »

Ils sont venus vers nous ; or, ces nouveaux prophètes
Parlaient avec noblesse, en des phrases bien faites ;
Et nous les écoutions très attentivement
Sans trop saisir le sens de leur enseignement.
Ils étaient peu précis : ils fondaient une École
Qui de Moscou la Sainte allait jusqu'à Fiésole ;
Ils se recommandaient des Temps naïfs, disant
Que le Passé, c'est la jeunesse du Présent ;
Que la terre, autrefois charmante, se dessèche ;
Qu'elle est derrière nous, la source toujours fraîche,
Et qu'en y retrempant nos âmes de vieillards,
Tout allait refleurir, la Morale et les Arts.

Et, convertis par ces brillants Évangélistes,
Des peintres se faisaient Anglo-Botticellistes ;
Dans les salons, sans que le Flirt s'en exilât,
On jouait au nouveau jeu de l'Aspostolat ;
A la Sorbonne même, on faisait rude guerre
A l'incrédulité qu'on traitait de vulgaire ;
Un vague idéalisme apparaissait partout,
Et l'on était croyant pour être de bon goût.
Tous allaient répétant : « La Science est bornée !
Pour découvrir le sens de notre destinée,
Penser avec rigueur ne suffit pas ! Il faut
Rêver : c'est en rêvant qu'on monte le plus haut.
La Science défend l'envolée ; elle est serve
De la matière, et sur la terre qu'elle observe,
Elle va le front bas ainsi que l'animal.
La Foi rend au regard humain son but normal,
L'azur ! Oui, de notre âme elle est la délivrance ;
Par elle l'horizon reprend sa transparence,
Et nous apercevons, sortis des chocs maudits,
Pour les peuples meilleurs de lointains Paradis.
Croyez donc avec une ardeur contagieuse ;
Ayez de parti pris l'âme religieuse ;
Croyez n'importe à qui, croyez n'importe quoi :
Toute religion est un acte de foi !
Les cultes différents s'entourent de barrières ;
Ils s'excluent ici-bas ; mais toutes les prières

Sincères (car c'est là le dogme essentiel)
Se rencontrent là-haut, sur le chemin du ciel !

Ainsi parlaient ces gens, d'un style enthousiaste.

Certes, l'air plus léger et l'horizon plus vaste ;
Un souffle pur qui fasse, en dilatant les cœurs,
Moins amers les vaincus, moins hautains les vainqueurs ;
L'humanité sans haine, heureuse, délivrée
De ses fléaux ; la fin de la guerre exécrée,
Et partout, ce mot d'ordre unique, le Devoir :
Ce rêve est le plus beau qu'on puisse concevoir,
Et pour l'atteindre un jour, si la Foi qu'on invente
Est suffisante, alors, telle qu'une servante
Inutile, il nous faut chasser de la maison
Celle qui maintenant y règne, la Raison ;
Il faut ne plus pâlir dans le laboratoire,
Mais plier le genou sous le geste oratoire
De ces docteurs mondains qui nous disent : Croyez ! »

Croire !... Mais le moyen ?... Les plus forts plaidoyers
Sont vains, la plus sublime éloquence est perdue,
Quand ils viennent après la sentence rendue !
Or, la cause est jugée et l'homme a fait son choix.
Il pense ! Il n'admet rien sans preuve ; nulle voix
Ne peut ressusciter ses crédulités mortes !
Des tabernacles saints il a brisé les portes

Au milieu des clameurs et des combats ardents :
Il a vu pour toujours que rien n'était dedans.
Épris d'exactitude, il passe au même crible
Tous les dires, ceux du Koran, ceux de la Bible,
Et son regard se fait un chemin à travers
Tout ce qui lui cachait le vrai dans l'univers !
Un coin de l'inconnu chaque jour sort de l'ombre.
Les attentifs, les forts, dont va croissant le nombre,
Regardent désormais en pitié les esprits
Paresseux ou craintifs qui, n'ayant rien appris,
Prêchent l'illusion au nom de l'espérance
Et se font du mystère avec leur ignorance !

L'espoir est mort ! Mais quoi ? Depuis qu'on l'a tué,
La somme des vertus n'a pas diminué ;
Le labeur pour le bien de tous vaut la prière !
En leur œuvre, qui n'est que pour eux meurtrière,
Les vrais saints d'aujourd'hui, ce sont les vrais savants !
Ils ne nous bercent pas de grands mots décevants,
Et ne font plus surgir devant notre prunelle
Le mirage éclatant de la vie éternelle ;
Mais nous les bénissons, car ils ont réussi
A nous rendre à peu près possible celle-ci !...
Un tube qui se brise, une simple piqûre,
Ils meurent, et souvent personne n'en a cure ;
Ils meurent de sang-froid, sans cri, modestement,

Et leur mort est comme un suprême enseignement.
Quand l'un d'eux tombe ainsi, faisant sa tâche auguste,
Je dis qu'il est le vrai martyr et le vrai juste ;
Je dis que nul ne le dépasse en dignité,
Pas même le chrétien, dans le cirque jeté,
Qui tournait, au milieu des tigres, ses yeux calmes
Vers le ciel où passaient de blancs porteurs de palmes
Et dont le dernier souffle était un dernier chant !..
Mort sublime ! Spectacle effroyable et touchant !
Un héros, ce chrétien, — mais de la moindre espèce !..
Ce qui transfigurait ainsi son âme épaisse,
Qu'était-ce dans le fond, qu'un vulgaire intérêt ?
En mourant pour sa Foi, c'est pour lui qu'il mourait ;
Ce courage devant la fureur populaire,
Il était sûr là-haut d'en toucher le salaire !
Mais honneur à celui qui consent à périr
Sans calculer qu'au ciel son crédit va s'ouvrir ;
Qui, plus simple et plus grand que les plus grands apôtres,
Néglige son salut pour le salut des autres,
Et, lorsque le trépas stupide fond sur lui,
Dit : « C'est bien ! » et s'en va, n'éprouvant d'autre ennui
Que de ne pas finir la chose commencée !

Mais un autre demain reprendra sa pensée !
Car désormais, devant les faits mystérieux,
L'homme, autrefois tremblant, n'est plus que curieux,

Et son libre examen qui, perçant tous les voiles,
Trace d'avance aux cieux la route des étoiles,
Substitue, affranchi de tous les vieux effrois,
Aux lois de l'Éternel l'éternité des Lois !

Ces Lois, dont le pouvoir formidable l'enserre,
Il accepte leur joug puisqu'il est nécessaire ;
Mais il veut les connaître à fond, ayant compris
Que la félicité commune est à ce prix !

Il y faudra du temps, de la peine sans doute :
Mais c'est notre grandeur d'aller, coûte que coûte,
Toujours droit devant nous, sans découragement,
Marchant avec lenteur pour marcher sagement !
Non, rien ne nous fera blasphémer la Science !
Nous pouvons écouter sans trop d'impatience
Les prédications de ces Néo-croyants ;
Mais nous restons toujours des cerveaux clairvoyants.
Nous repoussons l'Erreur, fût-elle consolante ;
Et la précaution nous paraît insolente,
N'étant plus des enfants qu'il faille ménager,
Qu'on nous parle un langage exquis mais mensonger !
Nous aimons, nous voulons la Vérité. Nous sommes
Mûrs pour la posséder : — nous avons l'âge d'hommes !

TABLE

NOTES IRONIQUES

MAJORA CANAMUS...

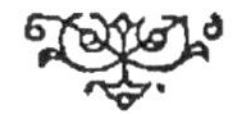

7047-94. — CORBEIL. Imprimerie CRÉTÉ.

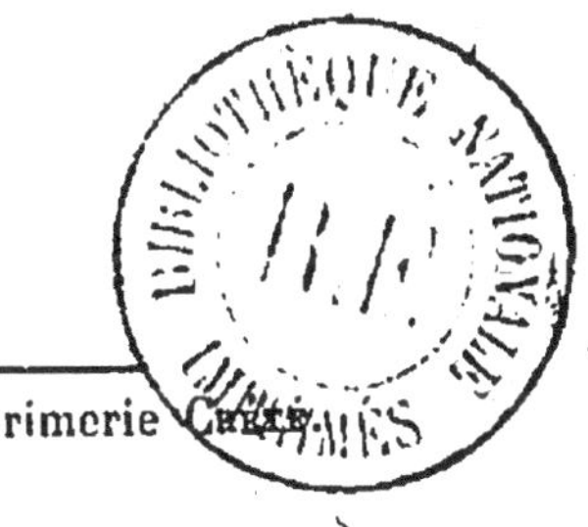

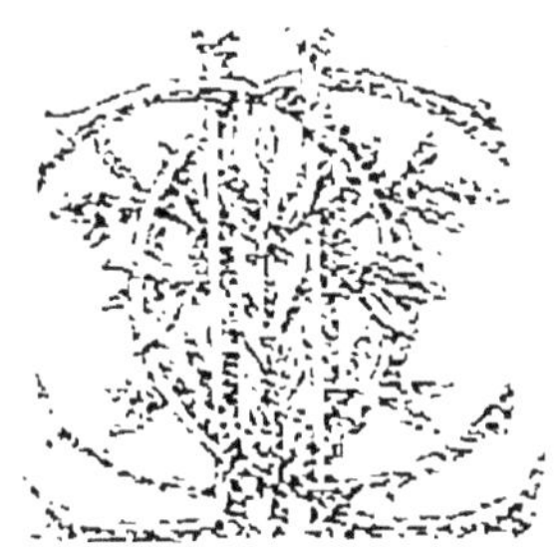